Kleine Gedichte Für Kinder

JOSH DOUGLAS

Ausgabe JOSH DOUGLAS

Geschmack von Kleines Gedicht für Kinder.

Die Kinder sind ein Erbe des Herrn.
Solomon.

Vorbereiten

Sehen Sie dort einige kleine Gedichte, die für Kinder vorbereitet wurden. Der Schöpfer weiß sehr wohl, dass er, wenn auch Dichter, drüben durch sehr wenig Ruhm erlangen kann, aber das war früher auch kein Zweck. Er bezog sich auf schlechte nur eine nützliche Wahrheit wie diese in Reimen rezitieren, dass sie nicht über kindliche Sensibilität hinausgingen; und er hat sie wie diese klein gemacht, auf die sie des einfacheren fällt, durch einmaliges Lesen, in ihr Gedächtnis gedruckt werden könnte, ohne dass es notwendig gewesen wäre, dass sie von außen gelernt wurde; etwas, wofür der Macher sehr dankbar ist, und das zusätzlich einmaliges Durchlesen, auftreten können.

Es gab keinen Anlass, bis es dieses eine Stück zu formulieren gewesen ist – dass der Macher eigene Kinder hat, die nun seine einzige und größte Freude sind – dass man solches kann

Stücke in unserer Sprache fehlen - dass er
auch bitte für andere nützlich
ist - und dass er die hochdeutschen *Lieder
für Kind* von WEISSE und die *kleinen Lieder
für kleine Mädchen und Junglinge* von G . W.
BURMAN hat sehr viel Freude, gelesen;
auch zu haben sie ihm schon oft auf Pine
weg geholfen, schön das er da eigentlich
keinen aus übersetzt, oder übernommen
hat.

Sie sind alle nicht für Kinder von vier oder
fünf Jahren geeignet, aber das war auch
richtigerweise nicht nötig. Männer können
sich aussuchen, was Mann auf seinen
Kindern lesen lassen will, auch kann Mann
plötzlich merken, oder Ein Kind versteht,
was es liest, als nicht.
Der Autor hat sie alle getestet, und er kann
versichern, dass seine ältesten kleinen
Jungen – ein Kind von fünf Jahren – viele
von ihnen beim ersten oder zweiten Lesen
verstanden haben; und deshalb behauptet
er sich versichert, dass all diese Bits für
Kinder, oberhalb der fünf und unterhalb der
zehn Jahre, verwendbar sind. Auch darf es
nicht schaden, wenn hier und da der
kindliche Verstand ein wenig Schwierigkeiten
hat, sich zu treffen, und drüben bis zum
Fragen und Reden aufgeregt wird.

Wenn ich das Vergnügen hätte, diese Worte gebilligt und mit Früchten verwendet zu haben, würde ich hin und wieder gerne ein Blatt zu dem hinzufügen, das ich derzeit auf meinen Landsleuten angeboten habe. Die Nummer, die ich derzeit einräume, ist groß genug, um dort die Probefahrt zu machen.

Bei zwei lieben kleinen Kerlchen

... Erster zur Belohnung Ein Kuss oder zwei.

Bei zwei lieben kleinen Kerlchen

Seht her, süße Wedges! Ein Bündel Bits,
Unterhaltsam da mit!
Und springt zu deiner Behausung, aber... zuerst belohnst du
dich mit
einem Kuss oder zwei.

Getrieben von der Liebe Habe ich
sie gesungen, Und willst du
mehr da, Du darfst dort fragen.
Wenn sie dir gefällt,
kommt hüpfendes Wetter.

Es ist kindliches Glück.

Ich habe Spielzeug, Wäschestift, Milch und Brot,
eine Wiege zum Einschlafen.

Es ist kindliches Glück

Ich bin ein Kind, von Gott geliebt,
Und bis Glück geschaffen.

Sind Liebe ist groß;
Ich habe Spielsachen, Wäschestift, Milch und Brot, A
Wiege zum Einschlafen.

Ich lebe frei;
ich Leder der Lust;
Sorgen kenne ich noch nicht. Daran spielen
müde,
Ich schließe nachts meine Augen und schlafe bis morgen
auf Pine Tree.

Gepriesen sei Gott Für den weiten Genuss So
vieler Gefälligkeiten! Mein Herz und mein Mund
werden ihn jeden Morgen Und jeden Abend
Preise.

Der Pfirsich.

Diesen Pfirsich gab mir mein Vater, dazu ich

fleißiges Leder.

Der Pfirsich

Den Pfirsich gab mir mein Vater, dazu ich
   fleißiges Leder.
Jetzt esse ich satt und glücklich. Dieser Pfirsich
   schmeckt unangenehmer mehr.

Die Fröhlichkeit gehört der Jugend
   Pädagogische Zick-Shows.
Der Fleiß, diese kindliche Tugend, wird immer
   gut belohnt.

Die Kindheitsliebe.

Und ich hüpfe an seiner Seite', Auch als

unterhalten und lernt er mich;

Die Kindheitsliebe

Mein Vater ist mein bester Freund.

   Er nennt mich immer noch liebes Kind. k Sparen
Sie es, ohne Angst zu haben.

   Und ich hüpfe an seiner Seite', Auch als unterhalten
und erfährt er mich; Es kann kein
besseres Vaterwesen geben!

   Ich bin auch manchmal unartig, Aber wenn mein
Laster mich bereut,
Dann ist seines Vaters Herz bewegt, Dann spricht
   seine Liebe keinen Vorwurf, Ja sogar, wenn er mich
   züchtigt, Als sehe
ich Tränen in den Augen.

   Sollte ich durch Ungehorsam, Als machen, dass
   mein Vater weint;
Würde ich ihn seufzen und sich beklagen; Nein, wenn
   meine Jugend Unrecht tut, dann falle ich ihr bald zu
   Füßen,
   und soll Gott um Verzeihung bitten.

Alexis.

Aber wenn sie auf, dass es ihr gefällt, zu

Spiel mit, fragt, als wird das
Liebesrennen reduziert;

Alexis

Alexis liebt seine Schwestern, wenn sie in
Frieden
leben; Er nennt sie selbst Schatz,
wenn sie ihm ihr Spielzeug gibt. Aber wenn
sie auf, dass es gefällt, Für sie zu spielen,
fragt, Dann wird das Liebesrennen
reduziert; Und wenn sie ihn daran hindert,
seinen Willen zu tun, dann hasst er sie fast ganz.
Auch ist sie viel dabei, wenn sie
darüber hinaus von jemandem gelobt wird.

* * *

Eine Liebe, die wie dieses Rennen
kühlt, die sündhaft auf ihren eigenen Vorteil zielt,
wäre das wohl ein gerades Liebeswesen?

Der wahre Reichtum.

Was ist überhaupt Reichtum? was ist ehre
Gott Freund zu sein ist viel mehr;

Der wahre Reichtum

Lassen Sie kein Geld unsere jungen Köpfe erfreuen,
sondern Heiligkeit und Tugend.

Weisheit ist das notwendigste Gut; Es Schmuck von der
Jugend.

Was ist überhaupt Reichtum? was ist ehre Eine Handvoll
Leerenschlamm.

Gottes Freund zu sein ist viel mehr; Dass Jesus liebt, ist
reich.

Komm, wir fallen unserem Gott zu Füßen, Zu Tugend und
Heiligkeit:

So wird unser junger Geist auf ErdeTen Himmel bereitet.

Dann kriegen wir diesen lieben Schatz, das nie
wieder vergeht.

Dann wandeln wir auf dem Pfad der Tugend, und
erschrecken darüber zornig.

Es fröhlich lernen.

Mine Reifen, Mine Prick Maut tausche ich gegen
Bücher;

Es fröhlich lernen

Mein Spielen ist Lernen, mein Lernen ist Spielen, und warum sollte ich dann gelangweilt lernen?

Lesen und Schreiben macht mir Spaß. Ich tausche meinen Reifen, meinen Stechkreisel gegen Bücher; Ich will in meinen Drucken meinen Zeitvertreib

suchen, es ist Weisheit, es sind Tugenden, Unangenehm welche ich anhänge.

Schade.

Wen ich jemals sehe, der Kummer trägt, k
Habe auch ein Gefühl dort drüben.

Schade

Wen ich je sehe, der Kummer trägt, hat auch ein
Gefühl dort drüben.
Ich verschließe mein Ohr nicht seiner Klage, aber hilf
ihm, wenn ich kann.

Einen Mann in Trauer hochzuheben, ist sogar für Kinder
süss.
Wer mit den Trauernden spotten kann, zeigt einen
schlechten Geist.

Würde ich mich sonst freuen? Würde k
lachen sind schlau?
Oh nein, ein edler Mitleidsanzug für meine Kinder
Herz.

Ich werde dann mit Traurigen klagen,
Sie sollen in ihrem Schmerz trösten.
Um die Last eines anderen zu tragen, soll mein
Vergnügen sein.

Der Fleiß.

Meine Klassen will ich lernen,

Der Fleiß

Morgens lange zu schlafen, beim Gähnen und beim Gähnen, saß
   hässlich für ein Kind. Wer immer viel verstehen muss, und verrückte Sprache klatschen will, sieht selten
zig geliebt.

Würde ich meine Zeit mit tausend Kleinigkeiten verbringen?
   Das nutze ich nicht aus. Meine Klassen will ich lernen, Meine Meister soll
ich ehren, Als werde ich ein
Mann.

Der Spiegel.

Willst du wissen, wer ich bin,
dann muss Gottes Wort der Spiegel sein, wo
ich mein Herz auswendig weiß.

Der Spiegel

Der immer in den Spiegel schaut, Und zig davon
Schönheit schmeichelt;
Erkenne nicht die wahre Schönheit, sondern jagt
Unangenehme Eitelkeit.

Dieses Glas macht uns stolz oder tut uns weh;
Willst du wissen, wer ich bin,
Dann muss Gottes Wort der Spiegel sein,Wo
Ich weiß es auswendig.

klagt von Pine Tree Kleiner William.

Ah! Meine Schwestern sind gestorben

klagt von Pine Tree Littles William über die Toten von Schwestern

Ah! Meine Schwestern sind

    gestorben, erst vierzehn Monate alt. k Sah sie tot in
der Kiste liegen:

    na was war mal meine kleine schwester kalt! k rief
ihr aus und fügte hinzu: meine liebe Sissy!

    Sissy! Sissy! aber für nicht.Ah! ihre Augen sind

geschlossen; Ich muss vor Kummer weinen. Immer will ich
zu ihr trauern,

    Blumen auf ihr Grab streuend: Weinend An den
Küssen denk, Dass es mir liebes
Mädchen gab.
Morgen werde ich - aber für mich ist es auch Gefahr
    durch die großen.
Gestern hat sie mit mir gespielt; gestern noch! und jetzt -
    schon tot!

Es Geschenk.

k Haben Sie tog wie dieses süße, wenn er

Es Geschenk

Liebe Mutter! Seht da eine Rose von eurem Coosjen, während ihr heute
Geburtstag habt.
Ich sang heute morgen Und sprang: So wünschte
ich mir Unangenehme Aufschlagzeit.

Aber kann ich Reime nicht ausgraben, Muss ich für
meinen Bruder in der Poesie die Klappe halten.
Dann nimm es, Mutter! schlecht diese Rosen Bei deinem Coosjen, k
Hast du tog
Wie dieser süße, wenn er.

Kleiner Klara.

Willkommen liebe kleine Schwester!

Willkommen in diesem Leben!

Willkommensgruß von Little Claar für ihre kleine kleine Schwester

Willkommen liebe kleine Schwester!
Willkommen in diesem Leben!
Bäcker! Kann ich nicht einen Kuss auf meine kleine Schwester haben?
geben.

Willst du schlafen? O sie Kreide!
Es wird sie sicher langweilen. Morgen, wenn ihr
wach seid,
soll ich von euch spielen.

Ruhe sanft, dann wirst du erwachsen; Lernt zusammen
bald laufen!
Wenn du auf Mutters Schoß sitzt, soll sie spielen
besorgen.

Ö! Mamatjen ist so gut!
Alles will sie geben,
Wenn nur ihre Kinder süß und in Frieden sind
live.

Die Untätigkeit.

Beten, lernen, schreiben, lesen, spielen,
arbeiten hat Zeit.

Die Untätigkeit

Niemals darf ich leer sein; Alles Tun aus Lust
  und Fleiß.
Beten, lernen, schreiben, lesen, spielen, arbeiten
  hat Zeit.

Meine liebe Mutter kann es auch nicht ertragen,
  Dass die Zeit vernachlässigt wird.
Faul sein, sagt sie, heißt Zeit stehlen, und uns
  zu leben ist so kurz!

Es Hündchen.

_ Kann ein Tier wie dieses befriedigende areWhat
warte mann nicht bei mir!

Es Hündchen

Wie dankbar ist mein kleiner Hund für kleine Knochen
und was für Brot!
Er wedelt mit dem Schwanz, er läuft herum und springt
auf Minenschuss.

Fleisch und Brot und Wein werden mir gegeben, und
oft Delikatessen:
Aber kann ein Tier so dankbar sein, Was wartet der
Mensch nicht auf mich!

Es zerbrach Glas.

komm Keesje süß! Liebe auf der Kreide,

Das zerbrochene Glas Eine Erzählung

Cornelis hatte auf der Straße ein Glas zerbrochen.
Obwohl er die Stücke beraubt hatte, kannte er keinen Rat.

Er hatte Angst zu lügen, während Gott es
sieht: Und würde er Mama jetzt betrügen, Das könnte er
nicht.

Er stand bestürzt und bewegt, Die Mutter
kommt:
Sie sieht die Tränen in seinen Augen, er strahlte
sprachlos.
Hat Keesje, sagte sie, welche Fähigkeiten?
Was spart da an?
„Ich liebe", sagte er, Mutter! In einem Moment Wetter
wütend erledigt.

Bei der Arbeit an Paletten war es früher Fenster.

Flog mein *Volan* durch die kräftigen Raketen, dort drüben in
It-Glas.
Aber wenn dein Keesje es sein Leben lang nicht
wieder tut, dann willst du ihm verzeihen, du bist so gut!

Komm schon Liebes! Hör auf zu kreiden, Sagte Mutter, als:
Ich will dir diesen Fehler nicht vorwerfen, Er bekam einen
Kuss.

Wer immer die Wahrheit sagen will, wird gut
    belohnt.
Wer Lügen für seine Fehler sucht, wird sich nie
    ändern.'

Die Religiosität.

Wie schön stehen mir diese Kränze!

Die Religiosität

Wenn im lieben Frühling
die Blumen das Feld schmücken, dann pflücke ich
Rosenknospen, Veilchen, jungfräuliche Lieblinge,
Zitronenkraut und Flieder.

Dann werde ich Kränze weben, Und tragen, Dass ter Ehre
Bei Gott,

Dass ich es lebe, Und Blumen
gespendet. Dann singe ich: König des Himmels!

Du lässt Veilchen wachsen, mit Rosen, Jungfrauen,
Zitronenkraut und Flieder, mit tausend
tausend Blumen; An deine Macht und Liebe. An Kindern
bei der Show.

Wie schön diese Kränze an mir aussehen!

Ach, lasst mich nicht vergessen,
dass ihr es zu tun habt, um zu wachsen!

Der Hase.

Schau Pietje! Schau, ein Hase,

Der Hase

Schau Pietje! sehen! Ein Hase, o der so bald
laufen könnte!
   Nein, sagte der schlaue Pete, Willst du ein
Häschen, ich nicht:
k Will lieber langsam gehen, als es von Pine
Tree Dead zu kaufen.

* * *

Er, der von Fähigkeiten immer zu loben ist
Das hat er
   Lebe zufrieden und dankbar, Geschenke lassen
sich gut ausgeben.
   Aber dass, wer immer kniet Und was
Andren sein wollen, Auch
   verliert, was er hat, Habe ich mehr als
einmal gelesen.

Erzählung von Dorisje.

Wir tranken Schokolade und taten hundert, um zu fragen.

Eine Erzählung von Dorisje

Neulich waren wir bei *Saartje*, unserer alten guten
Bäckerin, die Märchen erzählen kann. Wir tranken
Schokolade und taten
hundert, um zu fragen.

Am Ende *sagte unsere Saartje :* Na nun, meine Lieben!
Du kennst die vier Gezeiten, Was hältst du für das
Beste?

Da sagte meine Schwester *Mietje*   , Diese Zeit ist
mein Liebster, wenn die Bäume blühen.
Dann bekommt man schöne Blumen, zu Sträußen durch
platt gedrückt.
Dann sieht man tausend Vögel auf grünen Zweigen
singen.
Ist das nicht im Frühjahr?

Winter, liebe *Saartje !* Sagte *Pietjen ,* ist der Beste, dann
hören wir, Und trinken Schokolade, Oder essen dicke
Waffeln.

Nein, ich bevorzuge den Sommer, sagte   , dann ist es
Keesje schön. Als Huf lerne ich nicht.

Aber ich sagte, es ist am
besten, wenn die meisten Früchte reif sind.

Dann ist es gut zu schnappen. Dann hast du
Aprikosen Und Pflaumen und Sauerkirschen Und
Pfirsiche
und Birnen: Und ist das
nicht Herbst?

Hört zu, Kinder, sagte *Saartje* , Der Winter muss
die Felder Und Gärten fruchtbar machen.

Man muss die Bäume beschneiden; das Feld
muss gemästet werden; Das tut der Mensch im
Kiefernwinter.
Die Bäume müssen blühen, Um uns Früchte zu
geben; Das macht sie im Frühjahr.
Die Früchte müssen wachsen; Das machen sie im
Sommer. Die Früchte muss man ernten; das tut
der Mensch im Herbst.

Das müssen Sie auch, liebe Kinder! Loben Sie
zu allen Jahreszeiten Gottes weise Güte, und
seien Sie in Frieden.

Jesus.
Ein Gesangspart.

Jesus ist ein Freund der Kinder!

Jesus
Ein Liedstück Little Claar and Johnny

bei zusammen.

Jesus ist ein Kinderfreund! Unsere wollen sich erbarmen. Er nahm Kinder in seine Arme: Jesus ist ein Freund der Kinder!

NUR CLAART.

Ach, wäre Jesus noch auf Erden! Bald flog mir Unangenehmes zu.

Nur JANTJE.

Ach war Jesus noch auf Erden! k
Flog von dir Unangenehm Jesus zu.

bei zusammen.

Gottes Sohn! der ewig lebt!Hört uns betteln, Und verzeiht
Unsere Kühnheit und Fehler! Gottes Sohn! der ewig lebt! Segne unsere Jugend, und gib, dass wir oft von DIR sprechen!

Die schwimmende Spitze.

Betreibt meine schwimmende Spitze nie
ohne Erfolg;

Die schwimmende Spitze

Mein Schwimmkreisel läuft nie ohne Schläge; Denn
liebe ich weiter, als läuft er nicht. Ich habe in schon
die Traurigkeit zu besiegen, und soll
nach anderem Spielzeug fragen.

Aber ist es nicht dasselbe mit Flipje? Ja; Schläge
brauchte ich nie zu fürchten, hätt ich selten in
meinen Büchern
gelesen, Und das macht Vater auch traurig.

Schade, dass ich von einem Kreisel lernen muss,
ohne Zwang fleißig zu arbeiten. k Willst du, bis
meine Strafe, mein Leben lang

Keine anderen Spielzeuge zum Mitnehmen.

Der Pflaumenbaum.

Johnny hat einen Hut voller Pflaumen,

Der PflaumenbaumEine Erzählung

Jantje sah einst Pflaumen hängen, O! wenn Eier so groß sind.

Es schien, als wollte Jantje pflücken gehen, schön ist Vater es verbot es.

Hier ist, sagte er, noch mein Vater, noch der Gärtner, der es sieht: An einem Baum, so voll beladen,

vermisst man fünf sechs Pflaumen nicht. Aber ich will gehorsam sein, und

nicht pflücken: Ich laufe zu. Würde ich für eine Handvoll Pflaumen ungehorsam sein? NEIN.

Fort ging Jantje: aber sein Vater, der ihm still zugehört hatte, traf ihn

beim Gehen vor dem Mittelweg. Komm, mein kleiner Johnny, sagte der Vater, komm, mein kleiner Schatz!

Jetzt werde ich dir Pflaumen pflücken; Jetzt hat Vater Johnny Sweet.

Dann fing Papa an zu zittern, Johnny hob plötzlich auf; Johnny bekam

seinen Hut voller Pflaumen und ging im Galopp.

Der Bettler.

Wer ihn mit Bewunderung anschaut, Tue
Unliebsames, befehle Jesus nicht.

Der Bettler

Dieser hinfällige Mann, der fast nackt dasitzt, Und
vor Kälte zitternd, mich um einen Groschen
anbettelt, Ist für ein bisschen Gut, wenn ich.
Gottweisheit
gab nur Mir was mehr Geld als es. Ben I als
besser? ... Nein.

Ein frommer und ehrlicher Mann trägt oft
schmutzige Kleidung, ich möchte dann auch die
Tugend bei armen Leuten ehren.
Wer ihn mit Bewunderung anschaut, Tue
Unliebsames, befehle Jesus nicht.

Die wahre Freundschaft.

Das selten lobt, spricht Freundessprache.

Die wahre Freundschaft

Ein Freund, der mir meine Fehler zeigt, Schwer
bestraft und niemals entschuldigt, Hat auf
meinem Herzen eine große Macht: Aber das
niedrige Herz, das immer schmeichelt,
Verdächtige ich
durch Egoismus, Ich kann seine Gegenwart nicht ertragen.
Wer selten lobt, spricht freundliche Sprache. Das
schmeichelt immer, lügt oft.

Es soll ihm dienen.

David

Vorbereiten

Ich bin viel zu empfindlich über die positive Aufnahme, die meine *kleinen Gedichte bei meinen Landsleuten gehabt haben* , als dass ich meine Freude und Dankbarkeit deswegen nicht offen ausdrücken würde. Die mündlichen und schriftlichen Erklärungen der Freude, die durch diese meine bescheidenen Arbeiten verursacht werden, haben mich oft stark berührt; Ja oft rufe ich bei solchen Gelegenheiten aus:

Tränen fließen mir aus den Augen , liebe Kinder,
wenn ihr mich um mehr Poesie bittet.
Ah! Mein Herz, so gerührt, Preist Gott, der ewig
lebt , Dass er mir Diese Freude gibt!

Es ist also keine Langsamkeit, keine Lethargie gewesen, Dass mich das Voranschreiten dieser Arbeit so lange verschoben hat. Was dann? - schiere Unfähigkeit, meine lieben Landsleute! Besonders als Dichter kann ich nicht arbeiten, wann ich will; und sobald ich mich zwingen muss, kommt alles zum übel.

Ich wartete dann, bis ich wieder in den Zustand geriet, in dem ich meine Premiere hergestellt habe; und es ist die Frucht dieser Stunden, die ich jetzt wieder unseren Kindern darbiete; Auf dem Haufen, dass das gleiche für ein bisschen so sein so darf bitte wenn der erste.

Ich hatte lange meine Gedanken gehen zu lassen, und habe sogar nur ein Mittel eingesetzt, um einige Kunstbilder mit diesen Kinderreimen zu ergänzen, als Mr. ALLART , Buchhändler in Amsterdam , einen andern darauf hinwies, da drüben bis auf mein Vergnügen *zu* vergehen . Die Bilder werden unter meiner Aufsicht von Painter J. _ BUYS signiert und von Heeren PUNT und VAN DER MORE graviert; durch dessen Geschick kann in den feinen Bildern für Gellerts Fabeln gesehen werden; welche Bilder man, wie diese gut wenn, die Fabeln, auf unsere holländische Jugend nicht genug empfehlen können.

Diese Bilder werden so niedrig wie möglich gesetzt, und die Reime sind jedoch separat erhältlich. Diejenigen jedoch, die von den ersten und besten gelieferten Drucken zicken wollen, erfreuen, ihre Buchhändler zu sein,

oder Biene JOSH , bei *Amsterdam* , oder DOUGLAS Biene die MI. J . V. JOSH , DOUGLAS *hier* ihre Namen angeben; Die ersten Drucke werden so schnell wie möglich angefertigt, geliefert werden.

Auf Wiedersehen meine Landsleute! und seien Sie versichert, dass es mir immer ein Vergnügen sein wird, dies tun zu können

etwas zum Nutzen oder zur Belustigung von
Ihnen oder Ihren Kindern zufügen.

*   *
    *

Ich muss hier hinzufügen, dass es Gründe gibt,
die mich dazu zwingen, denn keine Exemplare
für z. B. anzuerkennen, als Dass Durch die
Druckerei dieses eigenhändig Sosigniert wurde
Sind.

die Mi J von JOSH DOUGLAS

Lottie und Keesje.

Was nützt es, dass man einsam in einer Ecke sitzt und sich beschwert.

Lottie und Keesje

KEESJE

Sag mir süße liebe *Lottie !*
Was ist die Ursache, dass du weinst:Hebtge
deine Bügeltasche
verloren, oder kaputt, liebes Mädchen?

VIEL

Würde ich nicht weinen, liebe *Keesje !* Mutter süß
war früher nicht erfüllt

Mit meinem Nähen oh! sie sah mich traurig und
traurig an.

Ja, sie wild mich nicht zu küssen, So, wenn sie es

sonst immer tut.
Fie mich! Ah! dass eine solche Mutter zu mir

Ungezogenheit trauern muss.

KEESJE

Was nützt es, dass du in An einsam bist

Ecke sitzen, und beschwert sich.

Geh, sie soll es dir verzeihen, wenn du

dich um Veränderung bittest.

VIEL

Willst du denn für mich eintreten, mein Führer:

KEESJE
Ja sicher:

Würde ich nicht für *Lottie* sprechen , das ist meine liebe
Schwester.
Aber du brauchst keine Fürbitte, wenn deine Mutter
zu Fuß fällt,
Wird sie dir sicher verzeihen, Mutter, weißt du
du, ist so gut.
Yeastren las sie uns beiden vor,
dass auch Gott die Schuld vergibt:k Wisst, sie
soll euch klar verändern, da
sie so ein Vorbild hat.

Die Gesundheit.

Wer nie genug für den Mund hat, Lebt
selten fröhlich und gesund.

Die Gesundheit

Gesundheit ist ein großer Schatz, um zufrieden zu sein
live.

Obwohl ich großen Reichtum hatte, welchen Nutzen
würde es bringen,

also nagte ich mit Angst und Schmerz an mir selbst,
bis eine Last sein musste.

Aber würde ich den Rat meines Vaters nicht fleißig
einbeziehen?

Und Völlerei und Exzess nicht vermeiden und
vergessen?

Wer nie genug für den Mund hat, Lebt selten fröhlich
und gesund.

Kleiner Junge und Keetje.

Lerne jetzt erstmal, als wir zu spielen.

Kleiner Junge und Keetje

KLAR

Immer arbeiten, immer lesen, Das muss
wohl traurig sein:
   Lebt man deshalb? Lustige Keetje! spielt
jetzt; Ah! Die Zeit muss euch gelangweilt
dienen die ihr euren Herren schenkt.

KEET

Niemals arbeiten, niemals lesen, Immer im
Kieferngarten sein, Ist das
   der Grund, warum man lebt? Kleines Mädchen,
hör auf zu spielen; Ah! Die Zeit müsst ihr
langweilen, die ihr auf euren Püppchen bedient.

CLEAR

Mal spielen, mal lesen, Das soll wohl am besten
sein, Keetje süß! komm spiel
von mir.

KEET

Es wird dich bestimmt langweilen. Auf zu halten,
um es
zu spielen: Lerne jetzt erst, als wir zu spielen.

* * *

Ter näheres Bedürfnis hatte Keetje dies

sagte, oder der kleine Junge hatte beschämt ihre Puppen reserviert.

Es fand es Lieder.

Welche An süßen und netten Lieder!

Es fand es Lieder

Ich habe gerade diesen Papierhaufen gefunden, den ich
   lesen kann.
Darüber steht geschrieben: Wie! ...

DER ZUFRIEDENE MANN

Kommt, Kinder, setzt euch zu mir. Sollt ihr ein Liedchen
   geben.
Die Zufriedenheit ist viel mehr als zu
   Schätzung darin zu leben.

Obwohl ich wenig habe, habe ich genug; Würde ich
   Ein Mann beneidet Kiefer,
Wer trug schon immer schöne Kleider, aber schwer
   Schmerz musste leiden.

Arbeiten hält mich immer gesund und schnell
   nach Gremium und Mitgliedern.
Ich wache morgens erfrischt und in Frieden auf.

Der Hunger, den ich sagte, vermisse mich viel eifriger, als
   wenn ich an einer
Königstafel Tag für Tag sitze.

Ich habe oft Wasser aus einer Quelle von mehr Geschmack
   betrunken,

Als je der Wein mir geben konnte, strömten Bienenbecher
hinein.

Und der Tag ist vergangen, sehe ich, wie ich den
Kiefernabend
erhebe, dann werde ich ein Lied auflegen, To mines God at Prices.

Nun liebe Kinder, lebt wie ich, Freut euch Gottes Segen!

Sagen Sie jeden Moment Danke, Was habe ich viel
bekommen!

* * *

Was für süße und süße Lieder! Wie gefällt
und trifft es mich.
Möge ich lernen, so zu leben, zufriedener Mann! Wenn
Ihr.

Der gute Ehrgeiz.

Ich kann es nicht
vergessen, aber es soll nicht passieren.

Der gute Ehrgeiz Man beklagt sich bei

Daantje Ah me! Ich bin traurig,
ich habe den Preis verloren, den Vater süß
versprochen hatte, Dem, der
am besten lernte. Dieses Buch mit schönen
Bildern, Von grünen Seidenbändern, Was ich
ersehnte, Hat Johnny jetzt bekommen;
Weil er am besten schreiben konnte, und am
schnellsten war es früher darin zu lesen.

Ja, auf den Karten konnte er die Länder und Flüsse,
die Meere und die Städte, am schnellsten
von allen finden.

Aber würde ich ihn beneiden, Und jetzt noch weniger
lernen?

Nein, ich werde seine Gaben preisen, und es bei mehr
Liebe.

Aber auch ich zögere, Tannenbaum-Ehrenpreis zu
gewinnen, Den der
Vater wieder versprochen hat. Ich will weniger spielen,
ich will kürzer schlafen, Und größeren Fleiß aufwenden,
Die Lehren zu hören,
Die meine Meister geben Indem
ich zu viel spiele, indem ich zu lange schlafe, indem
ich mich umschaue, wenn ich aufpassen musste, habe
ich den Kiefernpreis verloren.

Das Buch mit schönen Bildern, Mit grünen
Seidenbändern Hat Johnny das bekommen!
Ich kann es nicht
vergessen, aber es soll nicht passieren.

Der Wächter.

Würde ich für Pine Tree Clapper Angst haben,

Der Wächter

Sollte ich den Klöppel fürchten, O! Der liebe Mutige
Mann
Lässt mich leicht ruhen und auch sicher schlafen
dürfen.
Liebe Mutter! Ich glaube fest daran, dass er auf die
Diebe passt.

Sauber geht er durch Wind und Regen, es zu singen
wird ihm nie müde: Guter Gott! Gib
ihm deinen Segen, Aber meine Augen schließen sich.
Lieber Klapper! liebe das warten ich gehe schlafen:
gute
nacht!

Klaasje und Pietje.

Lass es kommen, wenn er kann.

Klaasje und Pietje

KLASSE

Pietje, wenn du nicht brav sein willst, Than
erscheint der schwarze Mann.

PETE

Klaasje, das ist eine Lüge! Lass ihn kommen, wenn er kann.
Wer an einen solchen Mann glaubt, wird um den Verstand
gebracht.

Winterlied.

Ah! wie viele tausend Leute haben
So viel Vorrat nicht.

Winterlied

Ich sehe die gelben Blätter fallen, der Kiefernsommer
ist fertig:

Und das Heulen von Schnee und Regen kündigt uns
den Kiefernwinter an.

Ah! wie vibrieren mich die Mitglieder, k

Walk Unangenehm es Ecken von Pine Tree Kamin;
Vater

sagen: in so einer Erkältung dient da
Holz noch Torf verschont.

o Wir haben so viel Vorrat für die Pine Tree Skimp
Winterzeit;

Dort steckten sie mich für Pine in warme Sachen
Baumstränge frostfrei.

Winterbirnen, Kraut und Äpfel Butter, Fleisch, ja was
nicht schon, schon in unserem

Keller, dass uns Leckeres schmecken soll.

Darf ich jetzt dankbar sein, über meine glücklich
viel;

Ja, ich will gehorsam leben und danke, guter Gott!

Ja, ich möchte die ganze Zeit denken, ob die Kälte
mich traurig

macht, Ah! wie viele tausend Leute haben so viel Vorrat
nicht.

Ja, ich möchte etwas Geld sparen und was durch meine
Fülle

An ein armes Baby zu
geben, das hungrig schreien muss.

Gott Güte.

Gott ist gut, dort fällt der Regen
Es dehydrierte Land:

Gott Güte

Gott ist gut, da fällt der Regen Auf das
ausgedörrte Land: Vaterbad zu solchem
Segen,
Ohne Regen,
Sprich er, wächst kein Kraut und keine Pflanze.

Liebe Tropfen, fallt zur Erde! Fallen Sie in großer
Fülle, Gold ist
nicht von solchem Wert für unseren Boden.
Gott fragt uns: Gott ist gut!

Gottes Weisheit.

Gott ist weise, dieser sanfte Regen hält jetzt an:

Gottes Weisheit

Gott ist weise, der sanfte Regen hält jetzt an: Es hat
  trockenes
Gras wieder so viel vogt, Wenn es früher zum
  Wachsen nötig gewesen wäre.

Fiel da schon bei starkem Regen,
  Nie Sonne gesehen, Als wäre es länger nicht
bis zum Segen, sondern bis
zum Schaden für uns.

Gott ist weise, dieser sanfte Regen hält das Wetter
  fest: Der trockene
Boden hat jetzt so viel Vogt, Wenn Gott Weisheit
  nötig findet.

Die großzügige Vergeltung.

k Soll ihr von mir Leckereien geben,

Die großzügige Vergeltung

Würde ich meine Schwester quälen? Dazu sie mich
nicht liebt?

Würde ich schlecht über sie sprechen? Nein, ich denke: sie ist An
Kind!

Ich werde ihr einige meiner Leckereien geben Als
was für Trauben, dann
eine Birne, dann eine Haselnuss sechs sieben, und
wenn sie will, noch mehr.

Ich werde ihr Herz mit Liebe gewinnen, Sie ist kein
bösartiges Kind;
So lange soll ich sie lieben, Bis sie mich auch am
Ende liebt.

Es krankes Kind.

Meine Köpfe! Ah! Es mag das sehr!

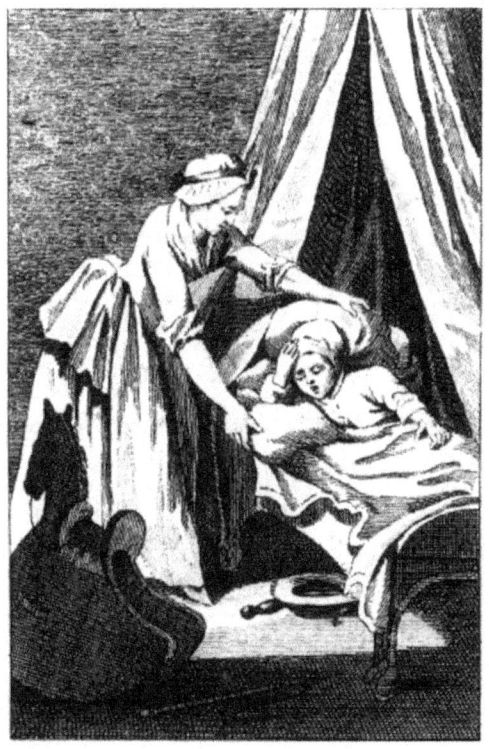

Es krankes Kind

Meine Köpfe! Ah! es tut so weh! Es erscheint von einem
gespaltenen; Kein
Schaukelpferd amüsiert mich mehr; Und der schöne
Mann fragt, was ich begehre, ich ekel mich davor,
es am leckersten zu essen.

Obwohl kein Kind so niedrig liegt wie ich, ist mir der Frieden
genommen.
Und schlafe ich irgendwann Einen Augenblick, Als
erwache ich aus Schrecken Durch ihn ein
böser Traum.

Nun werde ich erst, von dem, was mir fehlt, Bis zur
Dankbarkeit getrieben:
Nun fühle ich, doch mit Traurigkeit, Wie viel man Gott
verdankt, Wenn der Mensch gesund leben darf.

Aber ach! dass Gott immer gut ist; Ich will jetzt sein
befriedigendes Sein, Und
obwohl ich Schmerzen erleiden muss, Patient sagen:
Gott ist gut!
Er kann mich wettergeheilt.

Es ist ein gutes Beispiel.

Kommt, meine Lieblinge, lasst uns leben, bis einander Nutzen und Freude!

Es ist ein gutes Beispiel

Vater lebt mit unserer Mutterimmer zufrieden und
zufrieden,
O wie sie sich lieben, grunzt sie nie
wenn wir.

Zeigt man etwas zu wünschen übrig, als sagen
der andere: das ist gut!
Mutter ist am besten, wenn sie etwas für Vater tut.

Vater versucht immer zu wissen, was
Mutter wünscht; Und es darf ihr nicht langweilig
werden, gibt
On Vater Traurigkeit.

Vater gab der Mutter den
besten Pfirsich zuletzt mit einem Kuss; Er
wünscht sich dort nicht zu
essen: Kleiner Junge, würden wir das tun?

Liebste Schwester, liebste Brüder O Es spannt
uns bis zum Vorwurf, Daß uns dieser Streit oft
gefällt; na ja ihr wisst
nicht wie es mir leid tut.

Kommt, meine Lieblinge, lasst uns leben, bis
einander Nutzen und Freude!

Lasst uns versuchen, der Liebe des Vaters zu folgen
Mutter Tugend.

Dort allein kann die Liebe wohnen, dort nur ist es süß zu
leben, Wo man
glücklich und ungezwungen einander alles tut.

Pietje und Keetje.

PIET .

Also: Ich habe vier schöne Drucke,
KETTLE .

Ich zwei Bänder,

gut für sie, direkt denke ich.

Pietje und Keetje

PETE

Komm, meine liebe süße Schwester, gib mir einen
Kuss, O ich bin so in meiner Ordnung!

Ich habe von Mutter gehört, dass *Camie* von der Schule

kommen soll, niemand ist so

erfreut, wenn ich.

KEET

Dann lassen Sie uns etwas einfallen, um zu spenden

Bei diesem liebsten Mädchen.

Wenn wir ihr nur etwas sagen. Und keine Taten, die damit

einhergehen. Ist es

keine reine Fröhlichkeit.

PETE

Nun: Ich habe vier schöne Abzüge,

KEET I

zwei Bänder,
Gut für sie, direkt denke ich.

PETE

Es wird ihr gefallen, sei sie noch so klein, Da
braucht sie nicht zu fragen, Oder es bee uns
doch zu reden.

Es Geduld.

Das sah ich zuletzt in unserer Katze,

Es Geduld

Geduld ist eine solche Tugend bei einer schwierigen
Aufgabe

Augenweiß durchgeführt werden; Das habe ich
neulich bei unserer Katze gesehen, die stundenlang
satt getaucht ist, um
auf eine Ratte zu lauern.

Sie ging nicht, bis sie die Ratte, gefangen, in ihren
Klauen hatte.

Ein religiöser Jüngling.

Wen Gott liebt Das wird ein Kind;

Ein religiöser Jüngling lässt einen Glücklichen alt werden

Der in seiner Jugend den Pfad der Tugend
zerschmettert hat, und Gutes tut, warte, heitere seine
Alten auf, bis es dämmert.

Aber die sind zeitnutzlos, verschleißen, geben
seine frischen Kräfte der Sünde, müssen, altersschwach,
Traurigkeit erwarten.

Verlasse denn, o Jüngling!
Es Pfad der Tugend,
Du fragtest bitte, Dann wirst du glücklich sein Von Reue
befreien Deine Alten
bis zum Morgengrauen.

Obwohl du ein Hohn bist von ihnen, Das
Gott
zu frech verlassen, Du hast viel mehr
Als Geld oder Ehre von ihm
warten.

Wen Gott liebt Das wird ein Kind;

Und muss er sterben, fragte sie oder spae, er soll
Gnade
Biene Gott erwerben.

Die Kohlmeise.

Nun sage ich mir selbst: es gibt keine
Vögel mehr.

Die Kohlmeise

Mein Schnaps hing erst seit einer Stunde im
Baum oder diese Kohlmeise da oben satt.
Da habe ich mir gesagt: Wie soll ich Vögel
fangen! Das heißt erst recht. Ein guter Anfang!

Aber ach! Es ist gut sieben bis zum
Morgengrauen, ich habe in all der Zeit keinen
Buchfink und keine Kohlmeise gesehen, jetzt
bin ich ganz niedergeschlagen, jetzt sag ich selbst:
es gibt keine Vögel mehr.

* * *

Das schon auf Großes wartet,
Daß es darin anfängt anzufangen Versuche
gelingen,
    Ist so töricht wie es zur Verzweiflung
getrieben, Daß er sich bücken muß für eine
Zeit der Widrigkeiten.

Pietje Biene Es sind Schwestern im Krankenbett.

„Guter Jesus! höre mein Klagen, 'Und
erhole dich, mein Schwesterchen Wetter.

Pietje Biene Es sind Schwestern im Krankenbett

Oh dieses Stöhnen, oh dieses Klagen, Kann mein
zartes Herz nicht ertragen, Sissy,
   Liebes, ich fühle deinen Schmerz! k würde bereit
für dich leiden,
Könnte es dich von Kummer befreien, Oder doch bis
zur Linderung.

Aber es geht über meine Mittel; Aber ich beuge mich
mit weinenden
   Augen und bete meine Knie nieder. „Lass dir mein
Gebet nicht missfallen, guter Jesus! höre mein
Wehklagen, Und erhole dich mein Schwesterchen
Wetter.

Lass sie nicht leben, Ah meine Mutter würde sie

sterben, Vater ging sicher ins Grab. Lieber Gott! Wo
war Pete? Namet ihr von meiner kleinen Schwester
Sissy. Und meine
Eltern von mir ab.'

Es befragte das Gebet.

Was wird mein dankbares Herz den Guten dienen,
die Gott vergelten wird?

Es befragte das Gebet

Meine Schwestern sind gesund. Gott hat mein
Gebet erhört! Und hat bis zu unserer Freude mein
süßes Schwesterchen gerettet.

Was soll mein dankbares Herz dem guten Gott
erweisen? Wie dieser große Gott will, dass Dank
kommt von einem Kind?

Ja! Vater sagt, Gott freut sich darüber, Dies soll ich
sein Lob, bin ich schon jung, zu berichten.

Es weichherziges Kind.

Guter Gott! oh, lass sie leben, bis mein
Nutzen, bis meine Freude,

Es weichherziges Kind

Würde ich meine Mutter nicht ehren, ach was tut mir nicht
gut?
Was ist mein Nutzen, den ich lernen kann; Ben ich
fröhlich, sie freut sich.

Bin ich krank, ich höre sie klagen; Und wann
sie bee mich sitzen
Mit einem hoch erhobenen Auge glaube ich, dass sie
betet.

Ja, als betet sie, dass ich bald von meinem Schlauen
befreit werden darf:
Wenn es mir besser geht, wie fröhlich Und wie
befriedigend ist ihr Herz.

Ich werde sie immer lieben, Immer tun, was ihr gefällt.

Da drüben will ich nie was anfangen, meine Mutter
beschwert sich.

Ich werde ihren Namen mit Ehrerbietung nennen, Wenn
sie in sein Grab hinabsteigt.
Und preise Gottes Güte für immer, die mir so eine Mutter
gab.

Guter Gott! na ja, lass sie leben
Zu meinem Vorteil, zu meiner Freude, What a

Traurigkeit würde es mir bereiten, sie in meiner Jugend zu vermissen.

Die Sorglosigkeit.

Ein Uhr durch Unachtsamkeit kann diesen Mann
wochenlang zum Weinen bringen.

Die Sorglosigkeit

Siehe Keesje! Dieser tote Moskito Flog so
glücklich und schnell, Aber es ist durch
Gleichgültigkeit, Dass er jetzt tot auf
Tafelschiefer liegt.

Er hatte so ein Gefühl im Kerzenlicht, Und
flog da sorglos hinein.
Jetzt ist er da drüben; aber es hat Urlaub;
Es gibt jetzt keinen Rat für die Mücke.
Er wurde vom Schein getäuscht.O! lass uns
das bis Lehrling sein, Dass
man lange nachdenken muss, bevor man
etwas Wichtiges tut. Ein Uhr durch
Unachtsamkeit kann diesen Mann
wochenlang zum Weinen bringen.

Der Vogel auf dem Hocker.

Mein Vogel, ah! verurteilt mich.

Der Vogel auf dem Hocker

Es ist sechs oder sieben bis zum Morgengrauen,
Dass ich diese cisje Kogge von Klaas Kiefernvogel
Mann;
Und obwohl ich anfangs meine Mühe beklagen
musste, Jetzt gibt es nirgendwo keine, Die besser
fliegen kann.

Wie würde ich vorankommen, wenn ich diese
Bildung mag, wenn er früher war!
Aber ich würde fast weinen. Mein Vogel, ah!
verurteilt mich.

Ich will mich vorher so verhalten, dass, ehr ich
mich bis zum Spiel veranstalte, ich mich
ohne Angst fragen kann: Wer lernt da besser, er
oder ich?

**Zweite Fortsetzung der Kleinen gedigten
Kinder, von Mr. JOSH DOUGLAS.**

An meinen kleinen Lesern.

Möglich ist es das letzte Bündel;

An meinen kleinen Lesern

Sag nicht, meine lieben Wedges, Das . Du
  vergisst;
Ich habe dir etwas zu geben. Nur eine Stunde
  Wetter verbracht.
Es kann das letzte Bündel sein; Gehört! ihr habt da
  auch genug. es Ist
  darin die nummer nicht bequem; Und
  für größere ist es früh was.

Lies wenig, gut und oft. Lerne es am besten, in
  deiner Zeit:
Größere Bücher wirst du bekommen, wenn du auch
  was Größeres bist.

Johnny und It-Kaninchen.

Ich habe wenig zu diesem lieben Tier zu kaufen;

Johnny und It-Kaninchen

Da drüben sehe ich ein Kaninchen!
Was wäre k glücklich, wenn
ich es hätte in unserem Garten spazieren zu
gehen, sagte Jan: aber schön k
mein Geld schon dreimal gezählt,
ich habe zu wenig, um das süße Tier zu kaufen;
Und schön geh mir das aufs Herz, ich kenne
keinen Rat! ...

* * *

Also! dann lass dich diesen Fall lernen, mein lieber
Jan!
Dass ein weises Kind die Dinge nicht begehren
sollte, Dass es vorwärts weiß, dass es nicht
bekommen kann.

Der singende Wilhelm.

Gott, rief er, ist so gut, Dass ich ihn preisen muss!

Das singende Williammorning-Lied, als
die
Sonne aufging, saß William an einem
Brunnen, von gutem Herzen, um zu singen;
er hatte die letzte Nacht belebend
verbracht; Und konnte es nicht länger
zurückhalten. Gott, rief er, ist
so gut, Dass ich ihn preisen muss!

Mächtiger Schöpfer! Ich schulde dir, dass ich aufgewacht bin
gesund und zufrieden.
Weiser Herrscher! Dass ich dich darin kennengelernt habe, verdanke
ich Jesus erst durch meine Jugend.

Lobe dich des Morgens, ich will dich auch ehren, Dass du
mich wohlhabend daran lebst;

Lobe den Morgen, oh möge er mich lehren, heilig und
befriedigend auf Erden zu leben.

Fleißig, gehorsam und fröhlich zu sein, ist mir bis zum
Nutzen und es ist dein Gebot.
Freundlicher Schöpfer! wer würde dich nicht fürchten! Wer
du ehrst nicht, allmächtiger Gott!

Von dir allein muss ich alles erwarten; Wer ist, wenn du
allgenügsam und mild bist.
Heute will ich eure Gesetze beachten; da drüben wollt ihr
auch Kinder segnen.

Die kleine Sängerin.

Sie Pferd lächelnde Stimme und Streicher;

Der kleine Sänger Abendlied Das Licht der
Sonne Begann Alreê zu
schmachten; Der
Mond Ving

On, um
so sauber wie immer zu leuchten; als die
liebe Cris, ein Mädchen, ich denke, von acht
oder neun Jahren,
ihre kleine Zither nahm, und
hüpfende Biene ich kam; Sie kombinierte
lachend Stimme und Streicher; Und sang es
fröhliches Abendlied, Dass ihr hier Abgemeldet seht.

Möge die Sonne auf sie scheinen, im Westen, der
Täler
   macht, das macht mich nicht schlau. Gott auch
schuf Tannenbaum Nacht um zu schlafen,
Dies lobt es mein Herz.

Wie dunkel es sein mag, brauchst du nicht zu fürchten
   Mitten in der Nacht. Gott wird sich darum kümmern
Bis das mich das morgige Wetter heiter
erwartet.

Kein Kummer soll mich nackt tragen;
Gott will mich behüten,

Ich bin schon ein Kind.
Gott zeigt durch mich Leben und Nahrung an

gib,
wie er mich liebt.

Das sternenklare Funkeln erheiterte es dunkel;
   Der leuchtende Mond Beginnt auf der Weide Ihren
Schein auszubreiten, Und spielt Durch
den Schlag.

Selbst wenn du keine Farben siehst, wird Men durch
Gerüche erfrischt, wohin man auch
   geht. Ich höre sogar in Flieder Kiefer Nachtigall
singen, Und es schlug Wachteln.

Darf ich dich erheben, Als ich meine Augen schließe
   Mach dir keine Sorgen, o mein Gott!
  DU ehrst dich zu geben,
Und dankbar zu leben, Ist es ein glückseliges Los.

Die falsche Angst.

Man braucht sich nicht zu fürchten, wenn man
böse Absichten hat.

Die falsche Angst

Keesje sah einmal Juden gehen, Zu *welchen alten! wie alt!*

beim Kauf; Er wurde erschrocken,

ja, bleich vor Schreck; Er kroch weg und fing an zu

weinen. Pietje spottete darüber, Unterschlupf zu suchen;

Und sagte lachend: Mach wenn ich!

Kees sagte: wärst du nicht beunruhigt, wenn du irgendwann
ihre Säge anrufen würdest?

Nein, das kann ich, sagte Pietje dann: Warum sollte ich

immer Angst haben? Männer brauchen sich um

Waisenkinder

zu sorgen, Wenn der Mensch böse Absichten hat.

Die Liebe bis zur Heimat.

Und werde ich irgendwann ein Mann,
So brauchbar ist dafür Land, wenn ich denn
sein kann

Die Liebe bis zur Heimat

Schon bin ich nur ein Kind,
doch mein Vaterland ist mir am liebsten; ich
wurde dort geboren;
Ich habe dort zu trinken und
zu essen; Dort ließ ich es
von weisen Meistern hören. Ich habe Eltern,
Freunde darin, die ich von ganzem Herzen
liebe; ich kann dort sicher
leben; Deshalb werde ich mich dankbar
zeigen; Und, werde ich irgendwann
ein Mann, wie dieses Land für ihn nützlich
ist, wenn ich nur sein kann.

Die Vegetarier.

Ha! keine Dummheit ist so groß, als ohne
Notwendigkeit zu fegen.

Die Vegetarier

GIJSJE

Lasst uns diesen Streit beilegen, Durch irgendwann
mal mutig zusammen fegen!

KLASSE

Ich will nicht; Ich habe keine Lust zu schlagen, aber

lass uns, den unangenehmen Vater,

gehen; Ich möchte Sie nicht beleidigen; Vater ließ
das Urteil glätten.

GIJSJE
Feiger Junge, ohne Mut!

KLASSE
O! erst überlegen, was tun.

GIJSJE
k Barrel du bist bald das Kleid:

KLASSE

Warte, dann würde ich mich wehren; k Ben wie
diese min Angst, wenn Sie.

GIJSJE
Ist das Wo, komm als ter sie!

KLASSE

Nein: Darauf werde ich achten; Aber deine Drohung
hier vergessen.

Ha! keine Dummheit ist so groß, als ohne
Notwendigkeit zu fegen.

Hier wurde sie gestört.

Papa Süß hatte es richtig gehört.
Er, der ein Krieger war und oft in seinem Leben mit
seiner Politik und seinem Mut viele Prüfungen
bestanden hatte, sagte, er sei der beste Held; er hat
den größten Mut; Das kann tapfer kehren, aber es nie
unnötig machen.

Es stürmt.

Wie schön schießt da drüben der
Blitz nieder!

Es stürmt

Wie schön der Blitz dort einschlägt!
Wie stattlich rollt der Donner!
Die Wolken sammeln sich oder ziehen hin und
her; Während ich schon darin bin, furchtbarer
himmlischer Herr!
Bewundern Sie Ihre Majestät.

Jetzt ist es vorbei: Eine frische
Luft umgibt mich, wohin ich gehe, und bringt die
Vögel zum Singen. Ich sehe einen neuen Glanz
auf Baum und Feld und
Frucht; Aber, ewiger Gott! du gehst weiter, Auch
in deinem Segen.

* * *

Was sehe ich, Katze! Wie, du zitterst? Ach will da
drüben nie aus Angst! Es ist ein
Geschenk, das Gott uns gibt, und
deshalb, liebes Mädchen, hatte Caatje ein
befriedigendes Wesen.

Kleine Claar Biene

das Gemälde ihrer
verstorbenen Mutter.

Dieses süße und lächelnde Wesen,

Kleine Claar Biene das Gemälde ihrer verstorbenen Mutter

Wenn ich mich hinsetzte, betrachte ruhig das Bild von
meiner lieben Mutter, dann rollen meine
Tränen stetig über die Wangen. Dieses süße und lächelnde
Geschöpf, wo Frömmigkeit und Aufrichtigkeit, Anmut und
Freude wie dies zu Ende gelesen wird, dann bringt mich
bitterlich zum Weinen, weil ich sie vermissen muss; ich -
noch keine
neun Jahre.

Was habe ich nicht stundenlang mit ihr gesessen, davon
profitiert, wenn sie mich spielen, es an und andere gelernt
haben.
Aber ich werde mich immer daran erinnern, wie sie mich
sterben lässt
Denn es dauert noch irgendwann umarmt.

Ich kann nicht darüber nachdenken und ich mache es
zusammen So bitte.

Als sie sagte: „Liebe kleine Claar! Deine Mutter wird bald
sterben, Und sich von dieser Erde trennen, Um im Himmel
zu jubeln, Biene die Engel am Leben; Dann höre
meine letzten Worte und gib mir den letzten Kuss.

Ehre Gott, liebe deinen Vater! Wachse in
Tugend und Weisheit auf! Und will fröhlich

leben, Lern früh die Sünden hassen.
Aber hast du jemals Böses getan, dann muss
es großzügig
gestehen; Und Gott zu Jesus sollst du
Vergebung spenden.
Aber schau, mein kleiner Claar! Auf Erde mich
nicht
wieder, Sehe oft Unangenehme
Fichtenhimmel, Und sag - da wohnt meine
Mutter. ach, sah ich nach
deinem Sterben auch dort erscheinen mein
Kind, wie würde ich mich freuen.
Und danke Gott ehrfürchtig. Für dich, meine
liebe Claartje! Ist auch der Himmel offen.

Aber na ja; mein süßes Mädchen! Ich fühle den
Tod nahen Und kann nicht mehr sprechen.
Leb wohl, leb wohl, Claartje! Dort drüben,
letzten Kuss!'

Ich ging weinend zu Boden; Und es dauerte ein
paar
Stunden, oder die Mutter starb.

Wenn ich jetzt sitze
Nach dem Bild meiner Mutter, die Erinnerung

ihr Tod, dann rolle mich fest Die
Tränen laufen über die Wangen. Dann sehe
ich den unangenehmen Kiefernhimmel,
das Zuhause meiner Mutter; Als rufe ich bitter
weinend, o Gott, hast du Die Mutter An mir So
früh beraubt, Ich darf dich
nicht tadeln, Wie sehr ich sie bedauerte; Nein,
du bist
weise und heilig, darf ich dich lieben, mein
lieber Vater, Ehre, und Mutters Lektionen
nehmen, dann werde ich mit mir sterben,
Biene, DU und Mutter kommen.
Was soll das glückselige Wesen!

Die verwelkte Rose.

Der Schöpfer, den wir zu fürchten haben,
wird nie gepriesen.

Die verwelkte Rose

Warum verwelkt die Rose so schnell? Sagte
Jantjen: Ach, oder war das früher anders!
Gott war auch, denke ich, mehr gepriesen,
Zoo, er stieg länger, blieb im Sein.

*   *
  *

Obwohl du denkst, du durchschaust es, mein
lieber Jan! So ist es nicht.
Der Schöpfer weiß am besten, warum es so
schnell abfallen muss; Und wollen auch, dat
Uhren,
Wie Rennen es irdisch schön zu Grunde geht.
Der Schöpfer, den wir zu fürchten haben,
wird nie gepriesen.

Sissy Bee Es Cembalo.

Wenn ich nur lernen könnte, ich habe mein Bestes gegeben, wenn ja.

Sissy Bee Es Cembalo

Diese lieblichen Töne Bitte mich schon; Ich
   habe schon ein paar Jahre, ich
      würde gerne mitsingen. Wenn mein ältester Bruder
darauf Cembalo spielt, dann fragt er mich
spöttisch: Oder ist mir nicht langweilig?

Als sage ich, lieber Junge!
   o Bitte spiel lange für mich! Darf ich es aber auch
erfahren,
   ich habe mein Bestes getan wie du. Vorgestern
hatte ich Geburtstag, Und Mutter fragte
   mich dann, Was ich von ihr begehrte; Ich gab ihr
zuerst einen
      Kuss und sagte: Meine süße Mama!

   Tu mir diesen Gefallen, Dass ich spielen lernen
und
   zu den Künsten singen durfte. Sie nahm mich in sich auf
Waffen,
   Und sagte: im neuen Jahr. Jetzt feuere ich nach
Lust, Ah
kam doch der Meister.

   * *
    *

Die Jugend ist begierig darauf, nützlich zu spielen und zu singen
   aus,
Und ist man des Lernens müde, dann gibt's das

süßer Klang

Wieder neue Lust und Kraft; so lebt es sich
  Mann erfreut und süß;
Und meidet freudig die Gesellschaft, die oft
  wandert.

Es weise Antwort.

Er hat auf uns ein Gesetz aus Liebe nur Datum,

Es weise Antwort

Du fragst mich, warum ich Gott gehorsam bin;
darum ist es so, dass ich es zeige und das
Gute anerkenne.
Er hat uns sein Gesetz allein aus Liebe
gegeben, davon wollen wir gern und heiter

leben; Und schon was uns Das Gesetz
verbietet, Ist, wie es scheinen mag, nicht zu
unserem Vorteil, Jemanden zu wollen, der

glücklich ist, Den ledernen gehorsamen Gott zu fürchten.

Es bekannt.

Ich habe nie mehr Freude, als wenn ich
meine Pflicht fröhlich erfüllt habe.

Es bekannt

Ich habe nie mehr Freude, als wenn ich meine Pflicht
fröhlich erfüllt habe.
Dann schmeckt das Essen am besten; dann kann ich
fröhlich springen; und fröhliche Lieder
singen; Aber wenn ich langsam oder unartig bin, fühle
ich mich nicht wohl; Dann habe
ich keine Lust auf Essen, Trinken oder Spielen; dann
werde ich mir permanent
der schuld bewusst, dass ich eine hure bin, und dass
ich niemals ein mann werden kann.

Ein Brief von Carl On sind
kleine Schwester Caatje.

Deshalb rede ich davon Papier.

Ein Brief von Carl On sind kleine Schwester Caatje

Schwester Liebling! Ich werde dich wissen lassen, dass
ich seit deiner
Abreise in meinem Zimmer sitze, süßes Mädchen! von
Ein steifer Hals.
Hallo, ich werde dir irgendwann schreiben, weil es so ist
Wieder ist es so trostlos,
Dass ich immer zu Hause bleiben muss, und das
schmeckt nicht nach Dauerkiefer.
Ich habe dir einiges zu erzählen; oft denke ich, war sie
hier!
Aber dieses Denken nützt nichts, deshalb rede ich
darüber Papier.
Man muss schreiben, sagt Papaatje, für ein bisschen
So, wenn oder man
redet; Deshalb werde ich, liebe Caatje, DIR erzählen,
wie es mir geht.
Ich war anfangs mürrisch, dass ClorindeYOU von Haus
zu Haus und von zig
genommen hat; Ich war froh, dass sie dich liebte, aber
was für ein Dödel in
Amsterdam, sagte ich – war sie hier
geblieben; Ich möchte, dass sie mein bestes Bild
für ein Neujahrsfest ist; Oh,
wir sind so aneinander gewöhnt. Aber was schon
dazu beigetragen hat, sich zu beschweren,
Cats Schwester war gegangen: k Turn stirbt, in wenigen

bis zum

    Morgengrauen, aus der Not reinigen, langsam
hinkommen. darauf, Durch mich schwitzte es im

Gehen, Habe ich schwere Kälte witzig;

Das Spiel musste ich teuer bezahlen, ach, was habe ich
  Schmerzen gehabt:
Ich darf dies und das nicht essen; k schlief auch
  manchmal nicht durch
  Schmerzen; Und ich wünschte ständig
  zu wissen, Oder es hätte getan, wäre.
Ich mochte nicht lesen, schreiben, ja sogar in meinen
  Drucken nicht; Und
so lange im Bett zu bleiben, hat mich jedes Mal sehr
  traurig gemacht.
Vater wollte mich unterhalten; Mutter Süße tat, was sie
  konnte; Aber sie mussten sofort
aufhören,k Früher war es schon müde Ehre begann ich.

Ich fürchtete, es würde nie funktionieren Und als ich
  leer satt, hab ich
sehr schlechte Laune bekommen, während ich keine
  Geduld mehr hatte.
Ich sagte am Ende - dieses leere Wesen kann zusammen
  nie vorteilhaft sind.
Ich nahm ein Buch; Ich ging, um etwas zu lesen; Und ich
  hatte weniger Schmerzen.
Ich fing auch an zu schreiben, und als ich Drucke sah,
  könnte ich auf meinem Zimmer bleiben, von Unterhaltung,
  Pine Tree Heal Day.
Vater sah mich einmal mit einer kleinen Zeichnung
  beginnen,

Meine liebe Mutter kam dort herein, um zu sehen, wie es
mir ging. k Früher,

sie sah es nicht, gut im Frieden; Ich war nicht mehr
mürrisch wie früher; ich redete ab und zu Met; Ich
habe nicht *ja* oder *nein* gesagt . So
abgenutzt

Ich gandsche zum Morgengrauen,

Sauber, aber nicht erholt, aber dieser Mope
und die klagen,

Hat mich seitdem nicht mehr gequält. Sag Vater, es
Kann mehr passieren,

Dass ich nicht wohlhabend bin;

Aber ich werde um so weniger trauern, Wie ich mehr da
drüben An gewöhnt bin.

Wer sich Gottes Willen anpassen kann, (sagt er) mit
einem ruhigen Geist, Schmeckt in Krankheit sogar
Vergnügen;

Gott ist immer Show und gut.

Lebt nun wohl, liebe Mädchen! Irgendein in uns Haus
Wünsche,

Das macht euren Reisen ein Ende, wenn ihr diesen Brief
erhaltet.

Die Schwalben.

..... das heißt erstmal richtig auf sind
unterhaltung zu leben.

Die Schwalben Eine Erzählung

Kees würde zum ersten Mal zur Schule gehen,
Aber früher war der Gehwegpass zurückgetreten,
Oder nicht Schienbein, darin war er früher nicht gut
Frieden;
Und stand mit erhobenem Kopf eine Weile staunend
da. Er sah die Schwalben Like

dies hin und wieder treiben,
Und sagte, das heißt erst richtig leben zu seinem
Vergnügen. Ein Mann, der zig auf der Straße fand,
Und Keesje
verstand ras, zog ihn, schon lächelnd, was für Seiten;
Und sagte: „Du weißt wohl nicht, dass
sie das tun müssen, sie fangen Fliegen, um ihre
Jungen zu füttern, die sonst hungrig leiden mussten.

Nennst du das schlechte Unterhaltung, nein, Keesje!
das ist falsch Aber wisst ihr was hier für euch raus
zu lernen ist?
Sie mögen durch dieses fröhliche Schweben Dir ein
Beispiel geben, wie man
seine Arbeit mit Fleiß und Freude verrichtet; Und
dass es hässlich steht, wenn man es zwingt.

* * *

Ich gehe in eine unangenehme Schule, sagte Kees:
Diese Lektion ist sicherlich gut!

Die Sonne.

Wie groß muss Gott nicht Waisen sein!

Die Sonne

Wenn ich die Sonne scheinen sehe, die mit
ihren süßen Strahlen diese Erde fröhlich
hegt; darauf wachsen Gewürze, um Vieh
und Menschen zu füttern; Dass das Licht uns
Freude macht, glücklich zu arbeiten und
glücklich zu leben;
Dann denke ich, der Anbetung, Wie groß
muss Gott sein! Diese Sonne hat er erschaffen!
Und das aus Single Love!

Es Leiche.

Meine lieben Kinder, fürchtet euch nicht,
wenn ihr Tote seht;

Es Leiche

Meine lieben Kinder, fürchtet euch nicht, wenn ihr
Tote seht;
    Würdest du vor Leichen zittern? Komm her:
dieser bleiche, kalte Mann, der fühlen, sehen, noch
dazugehören kann, hält
jetzt nicht mehr am Leben.

Er denkt und arbeitet – ja mehr als du; Aber von
keinem Körper wie diesem, wenn Wir.
Die Seele ist weg vom Boden.
Dieser Gott, den er hier gefürchtet hat, ist tot
gewesen; Und hält
diese Leiche an Wert.

Schon ist die Seele von ihrem Körper ab, Steigt der
Leichnam zwar ins dunkle Grab, Das darfst du
nicht eisern.
Glauben Sie es, guter Gott Soll sogar dieser
hässliche
Überschuss viel sauberer werden.

Ach, liebe Kinder! dann sag nicht: Was ist das,
eine Traurigkeit!
    Darf ich doch ewig leben! Wenn du Gott liebst
und dienst, dann führt dich der Tod, wenn ein
Freund, darin für
immer glückselig zu leben.

Und wenn der letzte Tag kommt, dann soll es
regnen, das da drüben lag,
Zig lebendes Wetter zeigt sich.
Dann segeln die Engel von unten zu DIR und
singen Unangenehme Kiefer zum Himmel,
Um für immer da drüben zu leben.

Meine lieben Kinder, erschrickt nicht, Wenn ihr
Tote seht; Würdest du vor
    Leichen zittern? Sag lieber fröhlich – dieser
Mann, der hier weder sehen noch hören kann,
darf im
Tannenhimmel leben.

Es Vogelnester.

k Habe nun, sagte sie, mein Verlangen:

Das Vogelnest Eine Überlieferung , Mietje
habe einmal beim Gehen Ein verstecktes
Vogelnest In einer
Dornenhecke gefunden.
Ich habe jetzt, Zeize, mein Verlangen: O wie soll
ich mich
unterhalten, Mit diesen süßen Tierchen! Ich gehe
nach Hause, um einige dieser Würfe zu holen,
um sie wegzulegen.

Mietje ging und sah ihre Mutter, Dass sie das
keuchend sagte:

Liebe Mietje, sagte die Mutter, Stört nie Vogelnest!

Denken Sie nur, wie die alten Vögel um diese
Störung trauern würden; würdest du, süße Sissy,
nicht weinen, wenn du, von Pete und Jeez, gegen
deinen
Willen transportiert wirst; Schwesterherz, hab
Mitleid mit diesen alten lieben Vögeln!
Suche sowieso nie dein Vergnügen in der
Traurigkeit eines anderen.

Nein, sagte Sissy, liebe Mutter!
Nein, nicht das! aber höre sie schreien; Ah sie,
so hungrig zu sein!

Denk nicht Mädchen, sagte die Mutter, Das

Sie schreien nur vor Hunger. Ah, sie würde
bestimmt
sterben, Wenn du sie so lange füttern
würdest, Bis sie nicht mehr schreien könnten
von an zu geben, Wenn die Tiere dich
schlecht in Schweigen bringen müssen,
Und du wirst bald merken, Mögen sie

Fliegen, Mücken, Würmer sein, Zu fangen
und darin Streu zu nehmen. o Der gute
weise
Schöpfer mag diese Vögel Eltern, wenn sie
Ihnen gegeben werden: Diese wissen immer
besser, was
die Kinder brauchen, weil sie am meisten
lieben. Ja, sie werden es niemals versäumen,
sich zärtlich um sie zu kümmern; Darum hat
ihr Gott Liebe für ihre Jungen geschaffen;
Und ihr dürft nicht
darauf hinweisen, als der gute und weise Schöpfer zu sein.

Mietje hörte auf ihre Mutter; Aber ging oft zu
Zagtken, um das Wachsen des Jungen zu
sehen, ohne dass es Würfe jemals störte.

flippy, der Vater und der Gärtner.

Dein Vater hat bitte gute Birnen:

flippy, der Vater und der Gärtner

FLIPP

Nun, warum beschneidest du die Bäume, sag loyal
Peter?

Wo diese Zweige Früchte tragen würden, egal
sieht.

DER GÄRTNER

Ein Baum, der zu viel trägt, verliert Kraft; Noch würde
die Frucht so gefallen, wenn Sie erwarten.
Dein Vater hat bitte gute Birnen:

DER VATER Es
ist gut gesagt:
Und der Teil derer, die zu viel begehren, geht
schlecht durch.

Die Einsamkeit.

Dass Unterhaltung darin gelesen hat, braucht
keine Einsamkeit zu fürchten,

Die Einsamkeit

Denk nicht, liebe Spielkameraden! Dass die Zeit
mich zu trauern
   hat, Als ich gestern allein saß. Diese
Unterhaltung hat darin gelesen,
fürchte dich nicht vor der Einsamkeit, ist aber immer gut darin
Liebe.

Vater sagt das, gute Leute Oft Unangenehm,
Dass Stunden wünschen;
   gehen oft auf ihr Zimmer, In alten und neuen
Büchern Modeklassen
nachschlagen: Und das steht mir Wunder auf.

Ich möchte weise sein. Und ich werde
auch.
   Willkommen! Einsamkeit!

Anhang
Zusammenarbeit zwischen Jacob und Henry

HENDRIK

Du kennst dich klassen nicht, und hüpfst aber gerne.

JACOB
Was trifft Es lernt mich?

HENDRIK

Was trifft Es lernt mich? Mögest du deinen Vater fürchten.

JACOB
Serve kann ich gut lesen.

HENDRIK

Er sagte dir neulich noch, dass du ein Einfaltspinsel bist.

JAKOB
Wow! Wow! Ich habe noch Zeit.

HENDRIK Aber

wenn du größer bist, dann soll es dir klar werden zu langweilen.

JACOB

Das kann euch wenig interessieren.

HENDRIK

Sehr viel; Ich habe dich süß, und fürchte da also um.

JACOB

Du bist ein Klugscheißer; hören!

HENDRIK

Nun, es soll meine Schuld nicht sein, bekommt ihr von Vater Erfolg.

JACOB

Du wirst das auch nicht tragen.

HENDRIK

Und doch seht bitte nicht, dass COOSJE Erfolg bekommt.

JACOB ,

geh, dummer Junge! still.

HENDRIK ,

komm, leg deinen Schwanzzoll weg und hol rechtzeitig deine Bücher.

JACOB

Ich muss da noch Unangenehmes suchen.

HENDRIK

Na hast du denn; also nicht, dann kommt ge klar
auf urlaub.

JACOB

Ja, morgen! Bester Freund!

HENDRIK

Lebe wohl denn; es ist meine Zeit. Ich möchte kein
Knochenmaulkorb sein.

JACOB

Ich naja, ich habe nichts zu befürchten.

HENDRIK

Spiel denn, solange du Lust hast: Du bist ein
dummer Sohn.

JACOB

Was läuft dieser Schwanz toll schön!

* * *

Ihr Kinder, Dass dies liest, Wien lobt es wohl am
meisten?

Der naschende HundEine Erzählung Ein
junger Mann sah Pine Tree Eckzahn, der im Segen
seiner Herren stand Schnapp ein
genommenes Huhn. Auf diese Weise hat er

rief, dieser Moment ist meine denkwürdigste
Gelegenheit; k Haben Sie Ihr Karma derzeit
langanhaltende
Eifersucht; Gleich werde ich Ihnen
angemessen applaudieren. Ja, lass dich
erfolgreich sein, Bis du vorher klagend niederlegst.

Schnell reist er zu seinem Vater, Und suchte,
als oben, als bin ein, Bis er
sich nicht mehr entspannen konnte. An dem
Punkt, als er am Ende seinen Vater sah, Als
er herunterkam, rief er: „Vater! OK!
Willst du Lizet jetzt nicht bezahlen?
Den Hund liebst du so sehr, Der nimmt aber
alles was er findet.

Das Huhn, das meine Mutter gekauft hatte,
während ihre Gefährten gesagt hatten,
um heute Abend mit uns zu essen, folgte
Lizet ihr zum Stall; Er hatte, so viel ich schrie,
es ab sofort tief in
sich hineingefressen. Diese entsetzliche
Karte beweist absolut, dass er dein lieber
Welpe ist.'

Der Papa, der die Begeisterung hörte, mit der
das Kind kam,

Auch bis wir Bitterkeit gehört hatten,

Daß PIETJE zuweilen klagt, Und bald aus
Vergeltung oder aus Neid Zoo eilt, bis er

gekommen war, Sagte ihm: „Zart, mein
PIETJE, zart! Hast du deinen Fall wohl
überlegt?

Lizet hat sicherlich schrecklich fertig, Und k
würde es ohne Unsicherheit zu schlagen,
Doch ich sah dich so wütend gehen, Zoo
aufbrausend, dass dein Vater
befürchtet, Oder andererseits seid ihr nicht

wütend gewesen; Keine Ahnung; Ich traue
lieber nicht: Aber lass es mich wissen, wenn
du erschöpft bist Dass gelegentlich dein Vater davon spielt?'

Uns PETE war ruhig: - er erschrak, und es
scheint, er war früher pflichtbewusst; Man
konnte die Reaktion
auf seinen Wangen sehen.
„Allerdings, Vater! ... in der Tat, aber ...“,
sagte er dann laut, „was hatte er damit zu tun?

Am liebsten hätte er Kaninchen. Für den
unwahrscheinlichen Fall, dass ich mit dem
begann, was er tat, war Than meine Disziplin sicher vorbereitet.“

„Komm", sagte der Papa, „schalt ein, Piet!
Derzeit Salat ich es ohne Zweifel nicht; Es ist
Neid, dass Sie kommen, um ihn anzuprangern; Es
ist Eifersucht, Pete! da ist dieses Ungeheuer mal bei
mir bis zum Ablenkungsmanöver gewesen.
Konntest du ihn also nicht ertragen? Habe ich diese
Kreatur jemals verehrt?
Einfach nur für den Fall, dass Sie?. Pfui! wütender
Junge!'

PIET sah gedemütigt aus, vergoss aber eine Träne.
Weitergeredet wird Pater It So On: „Wer

wütend ist, verbreitet ständig das Wort, Auch nehme
Glück aus
ihrer Hoffnungslosigkeit, Doch wird nie bis zu ihrem
Vorteil sprechen: Ja, auf den zufälligen, dass er sie
verehrt sieht, Gunt
er ihr es Licht in den Augen nicht.

Ist das nicht ein entzückendes Gemälde? Wer hat
direkt? Ich, PETE! oder andererseits du?

Brauchst du noch länger wütendes Wesen?' ....
PIET war entmutigt, sanft verschüttet; Männer, die
ein Craps gehört haben, schluchzen außerdem
darüber in LA FIT.
Es wird gesagt, dass nie ein solcher Einwand durch
PETE Wetterbedingungen

wurde   geliefert.

Epilog

Entstehungsgeschichte

Zu Beginn des Jahres 1778 vertrieb der
Utrechter Vertreiber Van Terveen * eine
immaterielle Gruppe mit dem Namen Proeve
van Kleine Gedigten voor Kinder . Es
enthielt 24 Sonette, die freilich typischerweise
nicht mehr Platz beschlugen als eine Seite
im Oktavdruck. Umrisse fehlten, während
auf dem Deckblatt der Name des Erstellers
nicht zum Ausdruck kam. Wie dem auch
sei, es gab ein kurzes Vorwort, in dem das
obskure Schreibziel Sinn machte. Ihm ist
klar, dass er davon erzählte, gelehrt

gesprochen, wenig Popularität.
Doch er, der selbst Vater von kleinen
Kindern ist, musste ihnen und anderen

Jugendlichen im Alter von fünf Jahren etwas
zehn   Wertvolles und gleichzeitig
Verständliches geben, wie es in den
Niederlanden früher nicht versucht und
versucht wurde.

Könnte jemand sofort spekulieren, wer der
Schriftsteller der unbekannten Jugendlichen
war? Für jede Situation wurde die letzte
Option absolut durcheinander gebracht

zu glauben, dass er solche grundlegenden Strophen handhabe, würde wenig Anerkennung voraussetzen. Entgegen der Norm sind sie die wichtigsten Sonette seiner Hand, die im Gedächtnis des niederländischen Publikums bleiben und die den Namen Honigbiene Es außergewöhnliche Menge Leben gehalten haben.

Lang hat die Schwachstelle über die Initiierung der Proeve van Kleine Sonnets for Kids, wie sich herausstellt, nicht überdauert. Noch etwa zur gleichen Zeit 1778 verteilte Van Terveen ein Spin-off mit 22 Sonetten in ähnlichem Stil, wiederum ohne Darstellung. Diesmal verbreitete der Autor jedoch die Nachricht, ob mr. JOSH DOUGLAS..

Der Utrechter Rechtsberater Hieronijmus van Alphen war um die Dreißiger herum ein anständiger Mann. † Als Literat hatte er sich durch ein paar Haufen erhellender Verse und ein paar Forscherkompositionen in einem engen Kreis einen Namen gemacht. Sozial und heimlich sowieso hatte er bis zu diesem Zeitpunkt nicht viel Karma

* Die Koninklijke Bibliotheek Den Haag hält unter Zeichen. 133 M 43 eins von 1943 aus der Chronik Terveen erhaltenes Sortiment von 244 Nos. von 'Korrespondenz und andere Stücke

bezüglich der Version von [.s] zu arbeiten, überwiegend von Little Sonnet For Youngsters'. Sie umfasst den Zeitraum 1793-1872.

† Breites darüber und Werk: JOSH DOUGLAS 1973.

bekannt. Rechtsanwalt ohne Geschäft, wurde seiner jungen Ehefrau am 13. August 1775 Johanna Maria van Goens in den Wehen übergeben. Sie ließ ihn als alleinstehenden Mann mit drei jungen Männern zurücklassen: Jantje (untergetaucht am 7. Februar 1773), Daniël (durch Wasser geweiht am 11. September 1774) und Hieronijmus (untergetaucht am 20. August 1775). Das umrahmt von der Voraberklärung an den Proeve van Kleine Gedigten 'jetzt gerade und prominenteste Freude'. Auch für sie waren die Sonette dieser jungen Leute erste Organisationskompositionen. Auch Studie und Vers gaben die grundlegende Unterbrechung, durch die der angeheiratete Bruder Rijklof Michael von Goens (Ein Gesc

'Johnny') stand es bitte beiseite, wenn es um die führende europäische Schrift ging.

Wie unzuverlässig. sich um diese Zeit verständlich zu machen, stellt sich am deutlichsten heraus seine gefassten Anfragen zur Wesensprüfung an Johann Kaspar Lavater in Zürich, der als für halb Europa angehender Facharzt geschah. Jedenfalls antwortete der bekannte Mann 1777 kühl-abweisend; zuvor hatte er so viel Korrespondenz zu führen. Nach einem Jahr war Van Alphen selbst ein Superstar: sowohl durch seine ebenfalls 1778 verbreitete Hypothesis of Expressive arts and Sciences (das wichtigste niederländische Handbuch zum aktuellen Stil) * als auch durch sein 'Vaersjes voor Kinder', auf dem Betje Wolff basiert nannte es „einen unserer denkwürdigsten Virtuosen und besten Schriftsteller" † er

Eine Neuveröffentlichung seiner beiden Serien von Jugendsonetten ist nun nach den Anderen aufgetaucht, mit dem Ziel, dass der Vertreiber By Terveen endlich zehn Nummern aufhörte, die Streaming-Rate für die Opposition mysteriös zu halten. Vielen hat es nicht geholfen, mit der Begründung bald geflossen gibt es ebenfalls eine große Auswahl an Einbruchsdrucken. Das könnte durchs Raster fallen, da es zu diesem Zeitpunkt noch kein Copyright gab.

Bedauerlicher war Van Alphens verwandter Stadtbewohner, der Schulleiter Pieter 't Hoen (1744-1828), der prompt eine zusätzlich heimlich verbreitete Neue Vorschrift von Klijne-Sonetten für Kinder nachahmte, die 1778-1779 von Samuel de Waal und¸G. van Cave geschrieben wurde Edge Jansz. tauchte in Utrecht auf. Das Ganze bestand aus sechs 'Bits' von insgesamt 126 Sonetten. Doppelgesichtig genug, dass es sich in seiner Überprüfung verheddert hat oder dass ein Kind nicht mehr die Möglichkeit hatte, nach ihm Ausschau zu halten. Van Alphen garantierte die Fortsetzung seines Proeve, damit er es ohne die Hilfe von irgendjemandem tun konnte. Kindersonette wurden früher geschlagen. Ebenso kannte diese Imitation kein erstaunliches Glück: Das erste Stück erlebte vier, das zweite Stück drei und das dritte Stück zwei. Nun, ein Beweis dafür, dass der Mann, der Kinderkünstler im Jahr 1778 annimmt, an einer Goldader erschöpft ist.

. Übrigens ist durch den ganzen Austausch kein Pfennigzeiger geworden.

* Siehe dazu Jacqueline the man 1998.

† E. Tasse, heiraten. A. Wolff, Geschmack über die Kin‚dheit Amsterdam Haag 1779, p. 59.

Dass er umsonst hackte und gerade in seinem Job als Jugendbegleiter wunderbar ist, bezeugen die wohlklingenden Worte im Auftakt zu seiner Folgeband:

Tränen strömen aus meinen Augen, liebe Kinder, auf die unwahrscheinliche Weise, dass du mich darum bittest mehr Vers.

Leistung weckt jedoch zusätzlich das Interesse an mehr, mit dem Ziel, dass Van Alphen sich aktiv der Distribution von dieser schnellen nachfolgenden Gruppe angeschlossen hat, die sich unbedingt entschuldigen muss. Es war, garantiert er, nicht im Geringsten aus Zögern, dass seine Leser so lange nach einem Spin-Off hätte suchen müssen. Früher ging es darum, dass Verse sich nicht erzwingen lassen. Er musste als Schriftsteller im Grunde so lange durchhalten, bis er wieder in jenen Zustand geraten war, in dem er seine erste Gruppe komponiert hatte.

Dann, an diesem Punkt, ertrug es lange Zeit, bis 1782, Ehre. von A Second Continuation of the Little Sonnets for Youngsters erschien. Diese dritte Gruppe zählte zwanzig Sonette, von denen die Eröffnungsstrophe „At mine little perusers" mindestens eine Minute dauerte, wenn man davon ausgeht, dass dieses Vorwort gedient hat. Am wichtigsten ist, dass sie nicht das Gefühl haben, dass Van Alphen sich nicht an sie erinnern wird. Der Beweis war dies, „möglicherweise" seine „letzte Packung". Sicherlich stellte sich heraus, dass der Fall 1787 gerade noch aus den 66, (Ersten) und Taste Spin-off als   Zweiten Sonetten des Sortiment zusammengestellt wurde, unter dem Titel Kleine Sonnets for Kids.

Darüber hinaus wurden sie von diesem Zeitpunkt an als eine Broschüre verteilt. Distributor By Terveen hatte damit ganz von Anfang an Rechnung getragen von einer unaufhörlichen Paginierung der drei separaten Stücke. Auf Nachfrage bei den 66 Sonetten kamen zusätzlich selten mehr heraus

verändert.

Nach 1782 komponierte Van Alphen keine Jugendsonette mehr, auch nicht vor der zweiten Hochzeit der Kinder, 1781 Shut von Catherine Gertrude von Valkenburg. Seine Stellung in der Öffentlichkeit war durch seine Ernennung zum Obersten Justizbeamten in Utrecht im Juli 1780 völlig anders. Die politischen Wirren der völkischen Zeit später zogen die religiösen Unternehmungen durch die Schriften noch mehr ins Hintertreffen. Wei stammen aus seinem Nachlass von 1836 zwei weitere Kindersonette („Zusammenarbeit zwischen Jakob und Hendrik" und „Der knabbernde Hund"). kommen, dass hier vorausgesetzte informative Beilagen gedruckt werden.

Es ist das erste niederländische Kinderbuch?

Das Schreiben hat kein Patentrecht, wie es im Bereich der angewandten Wissenschaften und Innovationen der Fall ist.

Allerdings stellte Hieronijmus van Alphen Taste von Little Sonnet For Kids vor, wenn es sich um eine niederländische Kugel handelt. Berechtigt oder falsch? Das hängt einfach davon ab, was Sie unter einem Kinderbuch verstehen.

Die Sache ist in diesem Punkt gleichbedeutend mit der Ask oder Wolff and Covers History by

Miss Sarah Burger heart out 1782 könnte man unseren denkwürdigsten holländischen Roman nennen. Nein, in dem Maße, in dem es zusätzlich viele gibt, wurden für dieses Jahr einzigartige niederländische Bücher vertrieben. In der Tat, wenn Sie das tun, bedeutet das, dass Sara Burgerhart im niederländischen Roman am Anfang einer anderen Art steht, das hängt im Wesentlichen davon ab, was früher auf diesem Gebiet zum Kauf war.

Jetzt zurück Disagreeable .s Taste von Little Sonnet For Kids . Sicher ist, dass Van Alphen sowohl in der wissenschaftlichen Geschichtsschreibung als auch in der allgemeinen Bewertung als der Vater des niederländischen Kinderbuchs angesehen wird. * Offensichtlich liegt das außerhalb des Bereichs der Möglichkeiten, was bedeutet, dass niederländische Kinder vor 1778 nie Bücher gelesen haben. Es gibt sogar gute Gründe, das im 18. Jahrhundert in den Niederlanden zu nehmen, wo das riesige A/B/ C/oder „Hahnbuch" existierte ', die Maximen Salomos und der kleine Bohrer standen auf dem Speiseplan jeder einzelnen Volksschule, relativ weniger ungebildete Menschen als in den anderen europäischen Nationen. Denn die protestantischen Personen hier waren früher das Buch de

Verpflichtung. Auch Lesestoff für den Schulgebrauch oder für das private Heimtraining gibt es schon immer. Solche Ausstellungsmaterialien änderten sich nach 1778 echt nicht auf Kampf. Zudem existierte dort im 18. Jahrhundert ebenfalls ein breites Unterhaltungsangebot für Jung und Alt ohne Altersunterschied: durch bescheidene, von groben Holzschnitten ausgeschmückte Nachdrucke, durch spätmittelalterliche Volksbücher wie Reinaert Ulenspiegel oder Die , vier Heemskinder noch etabliertere Erzählungen , von Äsop u Phaidros, anregende Reiseberichte über den Kapitän Gefleckte Kuh aus dem 17. Jahrhundert, biblische und profane Bilderbücher, Rätsel- und Geschichtensammlungen bis hin zum bescheidensten „lustigen Cartoon" des in der Stadt verbreiteten Groschendrucks. † All das lag im Überfluss, vielleicht nicht im Schaufenster eines respektablen großen Stadtbuchladens, doch als jedenfalls in den endlosen kleinen Läden, wo Einzelpersonen zusätzlich ihre chronologischen Register oder Schreibwaren* sehen für das Begleiten: Pomes 1908; Dollar 1950; JOSH DOUGLAS 1990, 1992, 1995 und der Katalog niederländischer Schul- und Jugendbücher 1700-1800 von JOSH

DOUGLAS und Leontine JOSH DOUGLAS -
Smets, Zwolle 1997.

† Siehe The Meyer 1962.

kaufen könnte. Oder wahrscheinlich waren es
die endlosen Kolporteure, die zu Ehren der
kälteren Jahreszeit kamen, sie wagten sich an
jeden Teil des Feldes, um ihre bekannten
Häuser und Gehöfte zu lesen, um sich zu
erschöpfen. Hinzu kommt, dass die träge
Neigung des häufig neu aufgelegten, sehr
lange berühmten Lesens auch nach 1778
vorübergehend noch ruhig blieb
winke weiter.

Ungeachtet dessen gibt es einen zentralen
Kontrast zwischen den konventionellen

Unterhaltungslektüren, wo wenig und enorm
schrecklich greift, und dem Geschmack, durch
den . 1778 war der Tag gekommen, an dem er
zu Recht als Schöpfer des fortgeschrittenen
holländischen Jugendbuchs bezeichnet werden
durfte. Diese Unterscheidung war nicht drin ob
ermahnend. Dass ein Buch, egal wie spannend,
zuverlässig wertvoll und lehrreich ist, muss
verwendet werden, um für jeden ein geteilter
Fall zu sein. Es verbirgt sich hier das Neue.
sich selbst wenn zuerst explizit bis kleine
Kinder darauf hinwiesen von An verständlich
zu werden

sie und noch nie zuvor in den Niederlanden auf

so verführerische Weise eine erzieherische
Aufgabe eingeführt.

Was schien dieses neue Trainingsideal zu sein
und welchen Weg nahm Van Alphen?

An   Schiene

Die Neue Pädagogik Für
den Fall, dass Papa von drei kleinen
Männchen Mr. JOSH DOUGLAS in den
siebziger Jahren sah von seiner Kindheit
natürlich aus. Dazu noch die aufgeklärte
Argumentation. Früher gab es den Mann
nicht aus der Fassung zu bringen, wenn
Einzelpersonen, wenn sie es doch häufig
taten, eine so tiefgreifende Besorgung an
einen leitenden Vertreter weiterzuleiten.
Er ordnete sich gerne individuell in das
laufende Schreiben ein, in dem die neuen
Erkenntnisse über die Schulbildung generiert
wurden.

Das Thema, wie man eigenen oder fremden
Kindern am besten zur Erziehung dienen kann,
taucht von den Jahren sechzig blitzschnell von
einer mäßig offensichtlichen Angelegenheit bis
zu einer höchst bemerkenswerten gefährlichen
Angelegenheit auf.

Die Unterrichtsmethode (Das Wort ist jetzt noch
neu!) stellte sich unerwartet als etwas heraus, bei
dem jeder aufgeklärte Normalbürger betont, dass
sie sowohl dem Einzelnen als auch dem Land
einen Nutzen bringen soll abhängig. Wer, auf den
unwahrscheinlichen Fall, dass die

Erbauungsideologen, unerschütterliches Vertrauen
in die Herstellbarkeit einer breiten Öffentlichkeit
mit hatten

vernünftige und damit normalerweise hochgesinnte Bewohner hatten nach dem Allerbesten eine offene Tür, um die Kindheit von der Jugend durchzusetzen.

Woher kam diese erleuchtete Lehrmethode wie diese aus dem Nichts? Welche Schöpfer haben sie arrangiert? Und welche Folgen hat das für das Buch der niederländischen Jugend gehabt? Offensichtlich gibt es einen zwingenden Grund, die Antwort für lange Zeit zu verunsichern: Generell Locke, Rousseau und Basedow (mit etwas entfernterem Standpunkt Comenius) auf die unwahrscheinliche Chance, dass die Gesandten diese neue Lehrmethode anwenden, That It Junge in sind einzigartige Funde und das selbst erscheint ebenfalls ernsthaft in einem neuen Kinderbuch.

Der Brite John Locke verdankt seine bahnbrechende Aufgabe einer 1693 allgemein verbreiteten Komposition: Ein paar Überlegungen zur Schulbildung. Werk wurde 1753 durch   Es die Interpretation von Pieter Adriaen Verwer wieder in die Betrachtung der niederländischen Öffentlichkeit aufgenommen. Locke legte außerordentlichen Wert auf das spielende Lernen in Gelegenheit, letztendlich: auf das

Lernfreude, die ein Jugendlicher haben sollte. Ein Nachhall davon klingt noch durch in der Refrain-Zeile „Mine to play is learning, my gain is playing" aus „Advancing fröhlich". Dieser Gewinn bestand für den trägen Locke hauptsächlich aus der Beschaffung hilfreicher Informationen. Zu Musik oder Gedichten verschwendete er nicht viele Worte.

Als Kinder lasen, schlug er besonders die Geschichten von Aesop On vor, Best of Pictures.

Während auf diese Weise Lockes Komposition in den sechziger Jahren Geplänkel über die kindlichen Wetterverhältnisse inszenierte, machte Jean Jacques Rousseau in seinem Émile, ou de l'Education (1762) in einer Tonne umfangreicheren Kreises Aufruhr. † In überzeugendem Stil wurde hier die ideale Ausbildung dargestellt und am Beispiel des jugendlichen Émile gezeigt, der, fernab der akkulturierten (= ruinierten) Welt, eine geregelte Kindheit bekam.

Grundlegendes Vorbild war dieses Cliquenbuch für die Neuen Menschen früher

Sprichwort: lass Betijen, erzwinge nichts. Der Jugendliche wird normalerweise durch Experimentieren mit der unausgesprochenen Wahrheit vertraut gemacht, indem er dem Fall seines Lehrers folgt. E

außerdem kein Impuls, wütend zu erziehen.
Es ist besonders abwegig, Kinder mit echten
Informationen zu füllen, von denen sie den
Nutzen und die Erweiterung noch nicht sehen.
Alles kommt auf Verständnis und vermeidet
so, einen Jugendlichen mit strengen
Konventionen zu irritieren. Letzteres war
normalerweise als Ausgleich für sein
schmerzendes Bein, das von jedem einzelnen
christlichen Lehrer getreten wurde.

Rousseaus wurde Émile, nachdem er am 11.
Juli 1762 transparent in Paris konsumiert
worden war.

Auf lange Sicht jedenfalls war die Wirkung
seiner pädagogischen Gedanken auch in den
Niederlanden nachvollziehbar, sie gelangten
häufig auf Umwegen durch die deutschen
Philanthropen. ‡ Ihr Vorarbeiter war einst
Johann Bernhard Basedow, der Pionier im
Jahr 1774 vom Es Philanthropinum in Dessau,
einer Musterschule, in der unter sorgsamer
Ausrichtung ganz Europas die erleuchteten
Gedanken zur Ausbildung mit deutscher
Gründlichkeit interessant erprobt wurden.

Diese Standards waren: Unterstützung der

Selbstinspiration; * Siehe zusätzlich Samuel
F. pickering, John Locke und Kids' books in Eighteenth

Century Britain , Knoxville (Ten.) 1981.

† Siehe Walter Gobbers, Jean Jacques Rousseau in Holland. Eine Untersuchung, die den Einfluss des Menschen und seiner Arbeit stört (ca. 1760-ca. 1810), Gent 1963; einmaliger Teil IV: Begrüßung durch 'Emile'.

‡ Siehe AWM duijx, The philanthropies. Quellenverzeichnis von in den Niederlanden vorliegenden Büchern von JB Basedow, JH Camp und BC G Salzman , 1985 führen.

tatsächliche Erstarrung; visuelle Schulung, ausgestattet für hilfreiche Staatsbürgerschaft; Moralschulung im gesamtchristlichen Sinn durch Vortragsdarstellungen; Kind herzliche Schätzung nach einem komplexen Rahmen von Zurückweisung und Belohnungen. Ein von Basedow selbst komponiertes, als „Lehrbuch" ausgefülltes Elementarwerk (1774), prunkvoll dargestellt mit vielen Kupferstichen des bekannten Daniel Chodowiecki.

Das Philanthropinum in Dessau war im Grunde eine kostspielige Organisation, gerade angemessen für Jugendliche der ersten Klasse. Auf jeden Fall zeigte sich, was in erster Linie erstaunlich war, was es dort früher gab: die Penetrationstechniken, die öffentlichen Tests vieler Hörner und Rufe und die Kürze

Es kommt zu Zusammenstößen zwischen dem Diktator Basedow und dem Personal. In den Niederlanden wurde darauf entsprechend mit einer Blended Identity Sentiment Analysis

Gerade in Amsterdam gründete sicher Alexandre Des-Londes 1781 ebenfalls ein solches 'Maison d'Education' für 24 Studenten

nach Basedows Schema. * Basierend auf den Platten aus seinem Elementarwerk würden Beispiele in französischer und niederländischer Sprache gegeben werden, Geologie, regelmäßige Geschichte, Geschichte, Arbeit, zu komponieren und zu zeichnen, während ein militärisches tägliches Taumeltraining kam, um zu geben. Der Schultag dauerte von morgens acht bis neun Uhr, wobei f 65 für äußere Zweitbesetzungen und f 65 für innere

Zweitbesetzungen sogar f 105 pro Quartal zahlen mussten. Auf jeden Fall wissen wir diese Basedowse-Schule in Amsterdam regelmäßig genug, um einen gesicherten Kreisverkehr herauszuheben, und wir wissen nichts über die Basedows Rudimentary work hat zudem nur einen einzigen Unterstützer in den Niederlanden aufgespürt: den Deutschlehrer JD Hahn Utrecht. Ausgelegt wird es hier nie. Wirkungsvoller waren die Kompositionen zweier unterschiedlicher Altruisten: Joachim Heinrich Campe, des wichtigsten Kinderbuchautors aus diesen Kreis, der nach Basedows erzwungenem Start die Leitung von Es Dessauer Philanthropinum dominierte, und Christian Gotthilf Salzmann, der 1783 in Schnepfenthal eine eigene Lehranstalt hatte. Ihre ethischen Geschichten und Reflexionen werden in den Niederlanden ebenfalls umfassend gelesen, entziffert und verändert. Ihre Wirkung auf das niederländische Kinderbuch scheint beeindruckend zu sein, obwohl wir uns dieser Wirkung eigentlich alle Nuancen entziehen. †

* Siehe IH von Eeghen, „Eine innovative Basedowse-Schule in Amsterdam", in: Monatszeitschrift Amstelodamum, jrg. 48 (1961), p. 129-132.
†
Siehe Erfahrung schrieb's und reicht's der Jugend. Joachim Heinrich Campe als Kinder- und Jugendschriftsteller   .
Ausstellungskatalog Staatsbibliothek Berlin, 1996; und Visionare Lebensklugheit. Joachim Heinrich Campe in seiner Zeit (1746-1816) , Wiesbaden 1996 (Ausstellungskatalog Herzog August Bibliothek Wolfenbüttel).
Bei aller berechtigten Rücksichtnahme auf verschiedene neue lehrreiche Motivationen

Aus externen Sicht sollten wir jedoch zwei erfahrenere Einheimische, die Bräuche pflegen, nicht ignorieren: einen christlichen Humanisten, Felines, Van Effen und andere Beobachter des 18. Jahrhunderts, die der Junge als eine Pflanze ansieht, die mit Zartheit eingerahmt werden kann Leistung.

Darüber hinaus ein strenger Verbesserter, der die volle Betonung auf die prinzipielle Korruption jedes Mannes legt und die Beklommenheit des respektablen Mannes als die Hauptmethode für Disziplin betrachtet, * wie es in De Geestelycke Queeckerye von den Youthful Plants des Noble Men vorkommt [.. .] Oder nach Paket von Christelycke Training of Youngsters (1740) des Middelburger Schulleiters Joannes The Swaf. In beiden Ansätzen wird jedoch die Betrachtung und zudem die Anbetung jugendzentriert dargestellt, so dass die häufig eingeführte Darstellung einer vorangegangenen gleichgültigen Eltern-Kind-Beziehung unbedingt abgestellt werden muss. † Ebenso das Bild des Schulleiters aus dem 17. oder 18. Jahrhundert als herrschsüchtiger Idiot mit freien Händen und immer ausgetrockneter Kehle ‡ scheint nicht mehr als eine Karikatur zu sein, die durch die aufgeklärten Erzieher Honigbiene ihrer Entwicklung feindlich gesinnt ist, aber ab sofort bei Bitte verwendet wurde.

So stellt sich heraus, dass die Welt sowohl durch das Jugendbuch als auch durch die umfassendere Landschaft durch lehrreiche Ausbildung ein Volk zweier Ströme ist, in dem Alt und Neu zusammen wandeln. Durch die beiden hat . auf souveränem Weg genutzt. Sind Little Sonnet For Youngsters inhaltlich oder in ihrer Verwendung von Bildern Locke, Rousseau und die deutschen Philanthropen hin und wieder suggestiv, als Klima auf den alten Katzen, wie in den Anmerkungen hier zu jedem einzelnen Sonett gezeigt wird. Doch weiter als ein flacher Parallelismus geht dieses Verständnis niemals.

* Vgl. B. Kruithof, „Instructive Counsel from Felines to Beets, Coherence and Assortment", in: Schooling and Childhood 1983, p. 169-178; LF Groenendijk, Die weitere Rekonstruktion der Familie lt. Die Vision von Peter White Curd über die christliche Haushaltsführung, Dordrecht 1984.
† Über den Ort, die Rücksichtnahme und die Vision der Jugend im 17. und 18. Jahrhundert

Jahren ist mittlerweile eine ganze Bibliothek gefüllt.
Es ist einfach offensichtlich, unter anderem:
Linda Pollock, Neglected Children. Eltern-
Kind-Beziehungen von 1500 bis 1900   ,
Cambridge 1983; Keith Thomas, 'Kids in
Early Present day britain', in: Gillian Avery
und Juliet Briggs (Hrsg.), Children and
their books. A Festival of Crafted von Iona
und Peter Opie, Oxford 1990, p. 45-77;
JOSH DOUGLAS „Die kleine Republik;
Die Familie in niederländischer Schrift des
18. 100. Jahrhunderts', in: Documentatieblad
Werkgroep 18. Jahrhundert, jrg. 24 (1992),
p. 87-105; Sally Kevill Davies, Die früheren
Kinder. The collectibles and history or
youngster care, Woodbridge 1994; Rudolf
Dekker, Aus dem Schatten ins unglaubliche
Licht.
Jugendliche im Selbstbild berichten von
den genialen Hundert Jahren bis zum
Sentiment , Amsterdam 1995.
‡ [CF van Veen] in: Kinder lesen/
Jugen,dliche lesen Showliste Nr. 195 der
Metropolitan Exhibition hall Amsterdam, 1958, p. 6.

Zwei deutsche Vorgänger: Weisse und Burmann Van Alphen macht nie ein Geheimnis um zwei weitere direkte Inspirationsquellen. In der Vorschau bis zum *Geschmack* ruft er, wenn solches Weisses *Lied für Kinder* [Leipzig 1767/1769] und die *Kleinen Lieder für kleine Mädchen und Jünglinge* [Berlin 1777] von Gottlob William Burmann.

Der Philanthrop Christian Felix Weisse (1726–1804) war einer der Philanthropen Deutschlands erster Schriftsteller Dass ihr Stift absolut zehn beschäftigt

*

von der Jugend vorgeschlagen. Große Popularität erlangte er mit seiner Wochenzeitschrift *Der Kinderfreund* (1776–1782), die auch in niederländischer Sprache herausgegeben wurde, während sein *Neues ABC-Buch* (1772) unseren Landsmann JanHenry Swildens inspirierte, bis sein *patriotisches AB-Buch für die niederländische Jugend* (1781). Kein Wunder, dass Van

Alphen mit solcher Autorität auf † pädagogischem Gebiet ger Denn was Herr Hieronijmus im Jahre 1778 für die Niederlande ausgab, ist das erste Bündel Kindergedichte wild zu erproben, das hatte Weisse 1767–1769 bereits mit seinen *Liedern für Kinder* nach Deutschland geholt .

Auch Weisses Konvolut muss Van Alphen auf diese Weise angesprochen haben, denn der deutsche Dichter war ebenfalls kürzlich zum ersten Mal Vater geworden und hat diese Lieder für seine eigenen Kinder gemacht. Zudem fand er in Weisses Liedern die ganzen Tugenden der christlichen Aufklärung in kindgerechter Weise formuliert.

. im Besitz von Weisse sind *Kleines lyrisches Gedicht* (Leipzig 1772), in dem auch alle vierundfünfzig „Lieder für Kinder" verzeichnet sind. Van hat aus diesem Alphen sieben Gedichte herausgegeben: 'Der Horsam' ('Es Hunde'), 'Der Krausel' ('The Floating Top'), 'That Freundschaft' („Die wahre Freundschaft"), „Der Winter" („Winterlied"), „Die Mucke", „Auf das Bildniß einer geliebten Mutter" und „Das Vogelnest". ').

Das vergesse jetzt ganz Gottlob William Burmann (1737–1805) machte Fabeln im Stil von Gellert einen Namen. Kindergedichte sind gut, nur wenn die von Weissen, selbst erstellten Melodien vorhanden sind. Aber er verpasste Service-Sichtvermögen, so dass sogar Biene Zustimmung durch

Thema die Wirkung ganz anders wird. Anstatt seine kleinen Helden selbst als Kind sprechen zu lassen, versetzt er sie stets in allerlei langatmige, abstrakte Kontemplative

* Siehe etwa Weisse und sind *Liedfellkinder :* Brüggemann 1982, k. 86-93
und 1250. † Diese Korrespondenz zwischen . und Weisse scheint leider

verloren gegangen zu sein. ‡ Siehe etwa GW Burmann und sind Kinderlieder: Brüggemann 1982, k. 1298-1299.

Gelbfärbung im Mund. Vorbildlich ist Burmann nur durch die Einführung der neuen patriotischen Gesinnung in Kinderlyrik gewesen. Van hat aus seiner Sammlung Alphen vier Gedichte herausgegeben: „Allgemeines bet", „Der Mirror", „Vaterlandsliebe".
(„Die Liebe bis Es Heimat") und „Danke ein Knaben beym Witter" („Es stürmt").

Stellt man diese elf Beispielgedichte so nebeneinander, glänzt Van Alphens neben Weisse und Burmann nicht

leicht. Aber er sprach die Wahrheit, als er erklärte, dass sie ihm wohl schon viele Male auf Pine Tree weggeholfen habe, aber dass er dort tatsächlich nichts heraus „übersetzt, oder übernommen" habe. Genaue Vergleiche lassen bald sehen, wie groß die Unterschiede sind, wobei . Es wenn Dichter in der Regel gegen Weisse und gewinn
*
sicherlich gegen den feierlichen Burmann. Trotzdem versteht man, warum Van Alphens Kindergedichte im benachbarten Deutschland nie an Popularität gewonnen haben. Sie sahen nur ein wenig zu sehr nach dem aus, was bereits da war, als dass es im Original reichlich vorhanden war.

Literarische Aspekte: Es Qualitätszeichen durch das Relief

Van Alphens Sonette für Jugendliche unterscheiden sich in Struktur und Inhalt von all dem, was wurde damals in den Niederlanden geschrieben.

Einzigartig ist in gewisser Weise die prägnante Struktur: noch auffälliger seit holländischen Schriftstellern, besonders wenn sie beabsichtigten zu etablieren, als sie kaum durchhalten konnten. Refrains von zehn, fünfzehn Strophen mit vielen Vorgaben waren da keine Ausnahme. Die Sprache ist ebenfalls die

Ganz normal, dass der Kurztext durch einmaliges Lesen aktuell im It-Speicher gedruckt wurde.

Innerhalb dieser begrenzten Erweiterung gibt es eine erstaunliche Auswahl an Zeilenlänge, Refrainstruktur, Reimverschwörung, musikalischer Überschattung, Themen und Sortierstrukturen. Man spürt dort schöne Geschichten auf (häufig tolle, im Grunde die bekanntesten Sonette, zum Beispiel „Der Pflaumenbaum" und „Das verkorkste Glas"), tauscht einen reimenden Brief aus („Carel an seine Schwester Caatje"), die verbunden ein Fall ('Willkommen frohe Botschaft von Claartje für ihre jüngere Schwester'), Verse ('Der singende Willem') schließlich jene gewaltige Versammlung, die die repräsentative Anwendung durch ein vorangehend dargestelltes Wesen oder einen Gegenstand betrifft, ist ein Symbol (etwa 'Es Eckzähne" oder „Der Vogel auf dem Hocker").

[*] Zur Beziehung siehe: Pomes 1908, p. 244-259, und van Eck Jr. 1908, p. 225- 238, mit umgekehrtem Ende. Wie pro stand Pomes. Schriftstellerin Honigbiene Weisse als Honigbiene Burman, die By Eck bekämpft. Das grundlegende Maß ist das Jambus oder Trochäus, aber in drei Fällen spüren wir es auf

eine ganze land- und wasserkundige Strophe. Außergewöhnlich ist 'Der singende Willem', wo Willem (nach einer Story-Präsentation in gewöhnlichem Versmaß) eine ehrenhafte Morgenmelodie in Tributstruktur ist. Ebenso erstaunlich ist, dass Van Alphen selbst in den Sonetten seiner Jugend nicht umhin kommt, verschiedene Wege in Bezug auf reimlose Verse zu gehen. A sechs Sonette, unter denen die bekannte Person '

Darstellung durch Dorisje', brauchte den Beweis, um zu vermitteln, dass sich der Mensch unter bestimmten Umständen 'an das Land um ihn herum einfach gewöhnen würde'. * Ungeachtet dieser Formenvielfalt stellt das Ganze aufgrund des alles durchdringenden Ethos der Erleuchtung tatsächlich eine äußerst homogene Einheitsverbindung her. The Little Sonettes for Youngsters sind außerdem so knifflig einfach, dass der Mensch kaum mehr weiß, was ihre einzigartigste Qualität ist: Van Alphens bemerkenswerte Ressourcen für in äußerst prägnanter Sprache und in seinen kürzesten potenziellen Einzelheiten zarte Linderung, Höhe an zu geben.

Die hier beschworene Realität der Jugendlichen ist

über alles gezeichnet von einem Gefühl des Glücks, des „lebendigen", wenn auch Schlagworts. Ein produktiver, vorsichtiger Junge hat schließlich nichts zu befürchten: nicht vor dem Vater, der sein „engster Gefährte" ist; nicht von Gott, der uns berufen hat, „Freude zu machen", und schon gar nicht von dem Buhmann. Untergang hat auch nichts Schreckliches und die Natur ist auf jeden Fall großartig, wenn es stürmt. Alle ritten also bis zu Heiterkeit, Wertschätzung und Erfüllung: Attribute Wo spätere sexuelle Orientierungen den Stempel einheimischer Abscheu auf ihnen hinterlassen haben, die doch für den erbauten Normalbürger aus dem achtzehnten Jahrhundert die bemerkenswerteste Struktur durch Karma ausmachten. Honigbiene Heiterkeit, man sollte auf jeden Fall nicht an lautstarke Zerstreuung denken, sondern an jenes innere und beständige Glück, das aus der Wissenschaft kommt: Alles wandelt in dieser Welt, wie es von einem klugen Gott geplant ist, solanFür einen Jugendlichen aus dem wohlhabenden Arbeiterklima, in dem Van Alphen selbst einen Platz hatte, bedeutete die letzte Option im Grunde: seine Illustrationen zu lernen. Obwohl es keine gesetzliche, aber eine verpflichtende Ausbildung gibt

Es gab und solche Jugendlichen meist nur vertraulichen Hausunterricht, das Bedürfnis nach intellektueller Schulung war jedoch perfekt, wie es heute zu sein scheint.

Gemäß der Wertskala der Linderung stehen War Informationen direkt zur Ethik. Wer unfähig blieb, verpatzte ebenfalls die Gelegenheit, ein vollwertiger Mensch zu sein.

Darüber hinaus ist eine hervorragende Überprüfungsausführung die Voraussetzung für

Materialreichtum.Jedenfalls betont. In Kindersonetten ist diese soziale

Sichtweise fehl am Platz. Freude am Lernen fängt an. Lernen muss jeden Tag; ausser lernen ist ebenfalls angenehm ('It hell learn'). Auch nichts macht mehr Spaß als A read* JOSH DOUGLAS aus Alphen, Stomach related Compositions, Utrecht 1782, p. CXIX . Buch mit anständigen Bildern, für was es

herkömmliches Spielzeug (Band und Kosten) bitte beiseite schiebt. Diese Entscheidung wird zusätzlich dadurch erleichtert, dass ziemlich ungeachtet der Kleidung und der Lebensmittel auch das Spielzeug als Teil der Dinge betrachtet wurde, die „unschuldige Genugtuung" entscheiden. So garantiert Little Claar in ihrem „Welcome hallo" ihrem kleinen jüngeren Geschwisterchen den Mutterwillen ebenfalls Spielzeug für sie kaufen, wenn sie auf ihrem Schoß sitzen kann. Ist Spielzeug dann in manchen Fällen etwas Mittelmäßiges, gerade in der allerersten Phase, das jedoch so schnell wie möglich gegen eine Kurslektüre eingetauscht werden sollte? Claire und Keetje sprechen über das It-Reclaiming-Wort: 'In manchen Fällen zu spielen, in manchen Fällen zu lesen, / Da wird es wohl am besten sein'. Die Begegnungen und Eindrücke der Jugendlichen von Van Alphens Kleine gedigten bleiben in der Regel auf den eigenen heimischen Kreis aus Vater, Mutter, Familie ihrer engsten Freunde beschränkt. Im Mittelpunkt steht die Verwandtschaft, wodurch die Anbetungsverbindung zwischen den Wächtern vehement bestätigt wird. Solche Liebe braucht keine kostspieligen Geschenke: 'Den besten Pfirsich gab Vater neulich der Mutter mit einem 'Kuss'. Weitere Familienmitglieder (Großeltern, Onkel, Tanten, Cousinen) vergeuden Zeit mit Gesprächen, weder Nachbarn noch Weggefährten der Familie. Ein paar Mal scheint ein Platzwart, ein anderer Gefälliger oder ein zufälliger Zuschauer auf dem Theater die Abwesenheit der Honigbienenväter zu sein, wenn er auf Schritt und Tritt weiterführt. Außergewöhnlich ist der hochrangige Ort That. Auszeichnungen Auf dem alten

Saartje. Urahn Weisse hatte an dieser Stelle ein verstörendes eigenes Mitspracherecht zu trauen, den 'moralischen' Kindersonetten ein Ende zu machen Auf 'den langweiligen Melodien von Konditor und Babysitter'. * Für Kinderphantasien sind die meisten Erleuchtungslehrer gewissermaßen hypersensibel, Betty Wolff nicht ausgenommen. . porträtiert dann wieder sichtlich Freude Ein Kinderbesuch bei Honigbiene Sarah, 'Unsere alte tolle Köchin, / Wer kann Fantasien erzählen', 101 Anfragen Adressen und die Kleinen auf Schokomilch-Leckereien.

Gefährlicher wird es in den Verkehr von Individuen zu geraten, die erst im eigenen Kreis einen Platz haben. Fröhlich stellt sich heraus, dass der Stadttorwächter von Ratsche per Balance ein Verteidiger von Herd und Familie ist, während der Stoffjude, der am Eingang klopft, ebenfalls entnervend aussehen mag, aber sicherlich nicht böswillig. heftiger scheint die Versammlung auf der Straße in der kälteren Jahreszeit mit einem fadenscheinigen Landstreicher zu sein, „der um einen Groschen bittet".

Das ist Werden ohne ein zweites Gedankendatum, nur wenn in der 'Wintermelodie' auftritt, baut es doch nur das Gefühl der Wertschätzung für das Eigene auf

Wohlstand und bringt das Vertrauen in die Lagerorganisation keine Sekunde ins Wanken. Warum zusätzlich, wenn in 'Es fanden es Melodien' eine unglückliche Scheiße Erfüllung singt und sich selbst keinen Sinn macht von einem reichen Mann in Not Handel: * 'Kick the Eimer abgeschmackten Lieder der Amme und Kinderwärterin' (Christian Felix Weissens Selbstbiographie). 1806, S. 129).

Die Sehnsucht vermisse ich nur gelegentlich, esse mich tonnenweise begeisterter, dann oder ich an einer Herrentafel Früher Tag an Tag gelegen.
Kehren Sie diesen kulturellen Traditionalismus um, dass ein paar Jahre später auch in den Niederlanden extremistische Reformer wie Gerrit Paape gesellschaftliche Dissensgedanken und -gefühle hervorrufen werden, die für ein aufgeklärtes Gehirn bürgen. Das neu sitze es vor allem im Nichterscheinen durch jeden strengen Doktrinalismus. Trotz der Tatsache, dass er selbst ein proklamierender Christ ist, hat Van Alphen bewusst allgemeine Lehrthemen wie einzigartige Sünde, Reklamation, Heck und Paradies aus dem Gedanken gelassen. Alles in allem müssen sie sich nur einen Platz in einer späteren Schulzeit arrangieren.

Alles in allem wird Gott nur dann unschuldig verstehen, wenn ein fürsorglicher Vater es empfiehlt. So könnte es vorkommen, dass Jantje und seine Gefährten tatsächlich Beispiele in Lesen, Komponieren, Geologie ('Die große Sehnsucht') und Cembalospiel ('Mietje bij het cembalo') bekommen, aber dass sie in die Kapelle gehen, Pfarrer oder Katechet gespeicherte Aufenthalte.

Sie sind jedenfalls nicht die einzigen Nebeneffekte einer erbaulichen Lehrmethode. Wir erkennen in .s Kindersonetten „Die Zuneigung zum Heimatland" zusätzlich ab sofort eine neue Begeisterung, die hier aus den 1980er Jahren, als sich Loyalisten und Orangisten gegenüberstanden, zufällig noch von parteipolitischem Verständnis befreit ist einander zu stehen. Darin zeigt sich eine neue begeisterte Neigung Eine Seele von urbanem Sinn Dass ab sofort Honigbiene Es kleines Zicklein entwickelt werden sollte. Es ist ein Thema, das durch Jan Hendrik Swildens in seinem Vaderlandsch-Bauchmuskelbuch für die niederländische Jugend (1781) model*liert wird.

Wie dem auch sei, wer auf der Grundlage des oben Gesagten

Van Alphens Youngsters' Sonette zur
Erbauung schreiben funktioniert, hat doch die
irreführende Aussage gesagt. Immerhin kennt
das aufgeklärte Denken im achtzehnten
Jahrhundert ein paar Veränderungen,
horrende Zeit, Natur, strenge Schattierung
und Grad. So hebt sich die französische Hilfe
mit ihrer verschwenderischen Neigung
nachdrücklich von der im Großen und Ganzen
christlichen Erbauung in Deutschland und
den Niederlanden ab, während die Alleviation
Mitte des 18. Jahrhunderts, von der Justus
durch den niederländischen Beobachter
(1731-1735) ein bedeutender Delegierter war,
verwendet wurde sein, wesentlich mehr
Betonung des wissenschaftlichen Denkens
als die zarte Erleuchtung aus den siebziger Jahren.
* Siehe JOSH   , 'Niederländische ABC-Bücher
DOUGLAS aus dem achtzehnten Jahrhundert;
Gewohnheit und Entwicklung', in: Jaap
Terlinden ua, A will be a Monkey.
Ausstellungen zu ABC-Büchern der
Amsterdam für Ifd 205 nper 55 0702 Jahre bis ärtig ,

Wie schlagen sich die Kindersonette von
Hieronijmus van Alphen in dieser Hinsicht?
Die Antwort kann nicht ganz eindeutig sein.
An manchen Stellen spüren wir noch den
puren Realismus überlegter Besonnenheit auf, wie in

'De unternehmungslustige
Natur': Könnte ich meine Energie in tausend

Nebensächlichkeiten investieren? k Habe da keinen Vorteil durch.
In einer ähnlichen Linie steht auch die
niveauvolle Verwerfung durch alle
Vorstellung (in „Klaasje und Pietje"), mit
der die eine kleine Exzellenz die Anderen anstrebt
Ressourcen:

Pietje, wenn du lieber nicht groß sein
möchtest, dann taucht an diesem Punkt die
Person of Color auf. Klaasje, das ist eindeutig falsch!
Erlaube ihm zu kommen, falls er dazu in
der Lage wäre. Wer Vertrauen zu einem

solchen Mann hat, wird durchwühlt.
Trotz,

Rezeption und Bewertung
Hieronijmus van Alphen hat sich auch als Dichter, Verfasser literaturtheoretischer Schriften und als christlicher Philosoph manifestiert.
Hier geht es jedoch nur um die Reaktionen auf Kindergedichte, wobei das Andere kaum eine Rolle spielt.
Das vereinfach

Aber es bleibt ein schwieriges Umgehungsproblem: Die Kinder, für die diese Texte jedoch bestimmt waren, kommen selbst von ihrem Urteil nirgendwo auf Anhieb ins Bild.

Üblicherweise misst man sein Glück an einem literarischen Werk zunächst einmal an der Anzahl der Nachdrucke oder Übersetzungen und an den damit korrespondierenden Auflagenzahlen.
Leider besitzen wir zu diesem Punkt keine genauen Fakten, wenn die Folge der von Verleger Van Terveen gelegten Nebelwand ist. Mit Sicherheit wissen wir nur, dass die *Kleinen Gedigten voor Kinder* bis um 1850 arrangiert in verschiedenen Fassungen nachgedruckt wurden, während sie kurz darauf auch schon vertont erschienen.

Danach ließ das Interesse stark nach, sogar in einem solchen Ausmaß, dass eine 1871 begonnene Jubiläumsausgabe (Parteigeschenk *für die niederländische Jugend*) davon nicht mehr als zwei weitere herausbracht

Episoden. Bis zu den Veröffentlichungen von Pomes und Van Eck im Jahr 1908 rückten die „altmodischen" Kindergedichte von Van Alphen wieder in den Fokus, wonach sie sozusagen einem neuen Leben entgegengingen: als nahezu echter, fotografischer Nachdruck für nicht pädagogische Käufer Lektion aber ein attraktives Geschenkheft mit nostalgischem Wert gesucht.

Wie haben Van Alphens Zeitgenossen und die unmittelbar folgende Generation von Lesern *Kleine Gedichte für Kinder* geschätzt und warum plötzliches „Nicken" im Interesse auf halbem Weg durch die

*

voriges Jahrhundert?

Der erste, dem Van Alphen 1777 sein damals noch ungedrucktes *Proeve-Van-Kleingedicht für Kinder* vorlegte , reichte früher ein

sein sind Schwager Rijklof Michael von Goens. Dieser fand alle Gedichte in Form und Inhalt für sein Ziel geeignet, hatte aber die Sammlung bitte dennoch umfangreich von 'beliebigen Geschichten' gesehen. Wenn vorher zwei Andere Gedichte gestrichen werden mussten, dann vielleicht 'Die wahre Freundschaft' und Alexis. Letzteres erschien ihm zu „prosaisch oder abstrakt", während bei ersterem der Einwand lautete, dass Kinder nicht viel Ahnung davon haben

'kuscheln' oder 'kuschelig sein' im Kiefernbaum-Satz, in dem wir es uns vorstellen. JOSH DOUGLAS musste aber irgendwann den Prozess machen

† auf dem Sumtake mit seinem Sohn Jantje. Davon, dass Van Alphen die beiden Gedichte Ordinary kritisiert hat, stehen lassen zu dürfen, dürfen wir vielleicht ablenken, dass zumindest ein Kind zu diesem Zustimmungsdatum hat.

In einem späteren Brief vom 21.-23. Juni 1800 blasse Goens noch ein Vierteljahrhundert zuvor ein wenig begeistert: 'Die *Kinderlieder* sind wahre Meisterstücke, in ihrer Art: sogut, if das best [...] was man in ‡ irgendein Sprachhut.'

Erst jetzt kam er mit einem kuriosen inhaltlichen Argument, warum .s Kindergedichte sogar noch dem von Weisse vorzuziehen wären, nämlich »wegen den christlichen Sinn, der in Tanne Ihrigen herrscht«. Diese Ansicht zeugt jedoch mehr von der religiösen Réveil, entgegen dem Geist der Aufklärung, durch die By Goens inspiriert wurde, als dass sie gerade On.s Small *Poem For Children* tat, die gerade wegen ihres Mangels an dogmatischen Zeilen einige orthodoxe , Rezensenten Einwände erhoben hatte. Clarisse für

Gestand beispielsweise, dass (bei allem Respekt vor Van Alphen) seine Zeile „En tot Happiness Created" aus „The Childlike Happiness" für ihn schwer zu vereinbaren war   mit   Die   Calvinist
**
Prädestination.

* Eine solche beiläufige Kritik von orthodoxer christlicher Seite tat derweil nicht das geringste Vorurteil über den Ruhm eines Kinderdichters. Und wenn Nachahmung der beste Beweis für Glück ist, dann kann man sagen, dass .s Kindergedichte jahrzehntelang die Show zum Thema gemacht haben, siehe auch The Freeze 1981.

† Brief von RM van Goens an Hieronijmus van Alphen, undatiert [1777], K . B . 130 D 14. Vgl. J. Wille, *Der Literat RM van Goens und sein Kreis* . Zweiter Teil, herausgegeben von P.by der Vliet. Amsterdam 1993, p. 246.

‡ Vgl.
JOSH DOUGLAS   , »Briefe von Rijklof Michael von Goens On JOSH DOUGLAS .', in: *Dokumentationsblatt Working Group Eighteenth Century* XX /2 (1988), p. 175-176.

** Clarisse 1831-1832, p. 120.

Wahl und Form. So sehr, dass

Alles, was in jenen Jahren niederländische Kinderlyrik war, erschien als ein mehr oder weniger schwaches Echo von Van Alphen Laie. Manchmal wurde das auch durch spätere Kinderdichter wie Peter Erhuhn, Henry Gurtschneider, Dirk Underwater und JFL Müller offen anerkannt.

   Mitte des 19. Jahrhunderts erlangte Van Alphens jedoch durch den Vorwurf der Unkindlichkeit einen Ruf als Kinderdichter Ein formidabler Knaller. Einmal ist PA de Génestet in seiner

Versgeschichte 'De Sint Nikolaaseven' von 1849 bereits ein † harter Schlag für

Hieronijmus, Derselbe Verfasser kam 1857 vor derselben Anhörung noch einmal zu der

Sache. Es ist wie ein beabsichtigter Vortrag *zur* Rehabilitation

‡ *Kindergedichte* trugen jedoch eher den Charakter einer ausgearbeiteten Requisite, geben Sie es weiter, was die Sympathie für Van Alphens gute Absichten durch einen Hauch dämpfte. Genesets Einwände sind bekannt, weil hundertfach wiederholt: Es ist eine gute Moral von Hendriken

Van Alphen hören Prägung, für ein bisschen falsch, wenn ungesund. Anstelle von Kind der Kinder bei sind, Stelze . selbst oben sind jugendliches Publikum.

Das letzte ist sicherlich Wo, wie ein anonymer Kritiker bereits 1798 hatte

**

gegründet.   Aber genauso wahr ist die 'feste Jungs, harte Jungs'-Mentalität, aus der The Génestet, der angeblich pedantische Güte angreift, in einem ebenso zeitgebundenen Ideal auftaucht. Diesmal nicht aus der Aufklärung, sondern aus der holländischen Romanze.

The Geneset appellierte an seine Biene, demnach so viel lebensechter zu sein Modemodell von theDutch Boy, dass Hildebrand in einer *dunklen Kamera* hätte skizziert werden müssen. Aber Rüben selbst hielten es jetzt für . on: was heute steif wirkte, war früher im 18. Jahrhundert frisch und ursprünglich; sie mussten darüber diskutieren, wie Kindergedichte in ihrer eigenen Zeit urteilen.

Wie Wo das auch ist, Es wirkte sich durch Die Gene Sets Kritik früher aus *

Siehe für diese Anhänger Wirth 1925, Kapitel III: 'In Van Alpha's Footprint'. † PA das Geneset „Sint Nicholas Eve. Eine Amsterdamer Geschichte', Strophe LXVII von entsprechende Anmerkung; Pass veröffentlicht im Nachdruck von are *First* Poems (1860). ‡ Der Geneset 1858.

** Viele, die von der Erziehung her Wissen haben, und sogar Bücher darüber schreiben, zeigen, dass sie nichts davon verstehen. Sie sprechen und argumentieren mit den Kindern in einem Ton, als hätten sie das gleiche Verständnis und Wissen wie sie selbst. [...] Sie weiß zig nicht an der Stelle der Kinder am Set, und bis ihre kindlichen Vorstellungen niedriger werden. Da drüben die kleinen Pedanten, in den Kinderbüchern bei Moorhuhn, ., Perponcher und anderen.' (Tabelle *der Moral, Bildung, Lernen, Geschmack und Aufklärung, in der ehemaligen Provinz Holland, Ende des 18. Jahrhunderts. Ein Beitrag zur Reform, Bildung und Erziehung, in der Batavischen Republik. Von einem'* Kosmopoliten , Amsterdam 1798, S. 58-59). dass Van Alphens *Kleine Gedigten für Kinder* von nun an mit anderen Augen betrachtet werden sollte. Sie war, sagen

wir mal so, von dem einen Tag auf die Anderen altmodisch geworden. Und es würde mehr als ein halbes Jahrhundert dauern, um ihr Prestige bis zur neuen Höhe zu ehren

Auferstehen würde sie es nun (in wissenschaftlichen Kreisen) als pädagogisch-historisches Denkmal oder (in der breiten Öffentlichkeit) als nostalgische Erinnerung an eine ferne Vergangenheit. Ein Text, der reicht, darf geradewegs klassisch genannt werden.

Modus nach Edition

Kompositionen von Van Alphens Kindersonetten sind nicht bekannt, und keine Duplikate mit sowohl Text als auch Tafeln im frühesten Druck können ohne weiteres zugeordnet werden. Was man in frühen Lieferungen findet, sind im Allgemeinen offensichtliche Strukturen verschiedener Veröffentlichungen von Proeve, Vervolg und Tweede Vervolg mit übrigens winzigen Text- oder Akzentkontrasten. Allein die Schärfe der Beschriftungen kann sich eindrucksvoll verändern, sogar innerhalb eines Duplikats. Außerdem sind solche zusammengesetzten Duplikate der Honigbiene die verschiedenen Deckblätter normalerweise zu entfernen und durch einen allgemeinen Titel zu ersetzen.

Erst seit der freigegebenen Gesamtausgabe von 1787 tritt eine besondere Normalisierung auf, jedoch steht diese im Duodecimo-Design Besetzte derzeit mit dem wahren 'Van Alphen mit den Linien' am Ende. Dies ist offensichtlich deutlich deutlicher Grad für die '. der Mützen aus dem Jahr 1821, die allein Interesse an Wertschätzung hat.

Die zu dieser zurückliegenden Textfassung ist, was die Taste Re betrifft, im Hinblick auf die Duplizierung durch den Hauptdruck der Illustrious Library (sign. 1090 E 109) und für Spin-off und Second Continuation auf Duplikate der

Hauptveröffentlichung in meiner Kontrolle des erfahrensten bekannten Individuums (vielleicht erster) Druck von den Platten. Zur größeren Sicherheit werden alle Texte mit anderen frühen Duplikaten präzise gegenübergestellt, wobei die neuen bibliographischen Artikel von LG Saalmink ein wesentliches Mittel zur Kontrollbleichung sind.

Für die beiden nach dem Tode von Clarisse verbreiteten Jugendsonette ist hier zusätzlich das erste verpackte Occupied out 1836 gefolgt. *

Unsere Textversion ist durch die erste Rechtschreibung und Hervorhebung ganz strategisch geschützt. Das impliziert, dass ebenfalls verbal verbunden ist

Clarisse, „Über Hieronijmus van Alphen, als Schriftsteller und jugendlicher Künstler. zwei Lesungen, Rotterdam 1836.
werden genau so nachgeahmt, wie sie ursprünglich gedruckt wurden. Verbessert wurden ein paar deutliche Druckfehler, die als in der Erklärung auffallend auffallen.

Ein Text mit einer so langen Druckgeschichte hat sich normalerweise im Laufe der Jahre entwickelt und durchläuft nach einiger Zeit unzählige erwartete und zufällige Änderungen:

Änderungen der Schreibweise, Betonung, Wortverwendung und mitunter auch inhaltlich. Da sie ohnehin gar nicht vom Schreiber selbst aufgebracht worden sind und in der Regel aus viel späteren Zeiten stammen, haben wir sie hier auf ein paar Sonderfälle nach außen hin belassen.

Dieser Sonderfall Re die Sammlerversion 1787, Wo . wohl noch gut unterstützt hat. Inwieweit das im Gegensatz zu den drei zuvor erschienen Einzelpacks zu erheblichen Schwankungen geführt hat, ist zusätzlich in unserer Erklärung ersichtlich.

So seltsam es klingen mag: Van Alphens Kindersonette sind trotz ihres festen Platzes in der Gruppe durch die holländische Schrift nie zuvor in geklärter Struktur aufgetaucht. Ihre klare Leichtigkeit machte offensichtlich für manche jede Klärung überflüssig. Inzwischen ist dieser offensichtliche Zusammenhang längst zur Fiktion geworden. Man könnte ausdrücken, dass bei solch einer grundlegenden Redewendung das Gleiten der Wortbedeutung und damit die psychologische Distanz zwischen Text und Leser am deutlichsten bemerkbar ist

Werden. Das jetzt neben A'. der Join's und A'. der Kappen' dafür zuerst ebenfalls A'. von Nüssen das Licht erblickt, ist somit ein wichtiges Werk, um eine möglichst breite Leserschaft abzudecken, um diese Distanz zu verbinden. Gleichzeitig markiert es jedoch das Durchlesen der Version Es ist von sozialem Interesse durch das Schreiben unserer Jugendlichen des achtzehnten Jahrhunderts, für das Mr.

JOSH DOUGLAS im Jahre 1778 hat den Weg geschlagen.

Obwohl diese Textausgabe 1995 praktisch druckreif gemacht wurde, hat sie aus vielerlei Gründen noch lange eine Ehre, die sie ebenfalls sicher drucken lassen konnte. Diese Verzögerung hatte den zusätzlichen Nutzen, den wenige spätere Verbreitungen rund um die Kinderliteratur des 18. Jahrhunderts, umso expliziter über Kindersonette von JOSH DOUGLAS, noch in Epilog und Kommentar konsolidiert werden konnten.   .,

Satisfy bedankt sich bei I prof. DR. EK Grootes für sind Mitarbeiter Honigbiene Es plant diese Version und für sind die Beharrlichkeit meines Eifers.

DAS ENDE

Beschreibung

"Kleine Gedichte für Kinder" ist eine

großartige Sammlung von Versen, die
die Gedanken jugendlicher Leser
fesseln sollen. Von kapriziösen
Geschichten über sprechende
Kreaturen bis hin zu echten Überlegungen
zu Verwandtschaft und Familie bietet
dieses Buch eine unterschiedliche
Bandbreite an Themen und Stilen, um
eine breite Masse von Kindern zu begeistern.

Egal, ob Sie mit Ihrem Kind vor
dem Schlafengehen lesen oder
nach einer großartigen Methode
suchen, um Verse in den Lernsaal zu
bringen, „Kleine Gedichte für Kinder"
ist die ideale Erweiterung für
jedes Regal für Jugendliche.
Mit seinen betörenden Umrissen und
wesentlichen Strophen wird dieses
Buch sicher auch in Zukunft zu einer
beliebten Nr. 1 werden.

www.ingramcontent.com/pod-product-compliance
Lightning Source LLC
Chambersburg PA
CBHW071134220526

45467CB00015B/976